AF557827

les Français en Inde

les Français en Inde

Pondichéry, Chandernagor, Mahé, Yanaon, Karikal

François Gautier

Lustre Press
Roli Books

PAGE 1 : LA RUE DUMAS, UNE DES RUES LES PLUS HUPPÉES DE PONDICHÉRY. BENOIST DUMAS RÉUSSIRA LÀ OÙ TOUS SES PRÉDÉCESSEURS AVAIENT ÉCHOUÉ, C'EST-À-DIRE À OBTENIR LE DROIT DE BATTRE MONNAIE.

PAGE 2 : LA MAJESTUEUSE ENTRÉE DE L'INSTITUT FRANÇAIS, SANS DOUTE L'UN DES PLUS BEAUX BÂTIMENTS COLONIAUX DE PONDICHÉRY, QUI A ÉTÉ MAGNIFIQUEMENT RESTAURÉ AVEC SA BIBLIOTHÈQUE QUI DONNE SUR LA MER.

PAGE 3 : NOTABLE FRANÇAIS SUR LA PLAGE DE PONDICHÉRY, OBSERVANT UNE BAYADÈRE.

CI-DESSOUS : TROUPE DE BAYADÈRES, ACCOMPAGNÉES DE MUSICIENS HINDOUS, DANSANT SOUS LES COCOTIERS.

PAGES SUIVANTES : DANS LE TEMPS, LE CHEMIN DE FER ARRIVAIT JUSQU'À L'ANCIENNE JETÉE DE PONDICHÉRY AFIN DE CHARGER LES BATEAUX EN PARTANCE OU POUR LA MÉTROPOLE.

ISBN: 978-81-7436-568-2

Publié en Inde par Roli Books
en accord avec Roli & Janssen BV, Pays-Bas
M-75, Greater Kailash II Market
New Delhi 110 048, Inde
E-mail : roli@vsnl.com
Site Web : rolibooks.com

Révision du texte : Christine Comte

Imprimé en Chine

Sommaire

LES FRANÇAIS EN INDE 15

1re PARTIE : LA FRANCE EN INDE, HIER 17

PONDICHÉRY 17
- Les origines de Pondichéry 17
- L'arrivée des Européens 22
- Le gouvernement de Dupleix 23

LES QUATRE AUTRES COMPTOIRS 35
- Karikal 35
- Chandernagor 38
- Mahé 45
- Yanaon 45

COMMENT VIVAIENT LES FRANÇAIS EN INDE ? 51

LES GRANDS VOYAGEURS FRANÇAIS 65
- Le Docteur Bernier 65
- Maurice Maindron 69

L'INTÉGRATION DES COMPTOIRS FRANÇAIS 75

2e PARTIE : LA FRANCE EN INDE, AUJOURD'HUI 79

PONDICHÉRY 79
- Sri Aurobindo 93
- Mira alfassa, ou la mère 98
- Auroville 101
- L'INTACH 107
- L'Institut français de Pondichéry 112

QUELQUES FRANÇAIS EN INDE 115
- Alain Daniélou 115
- Le « Saint-Vincent-de-Paul des Indes » 116
- Mukunden, ou la vraie Francophonie en Inde 122
- Francis Wacziarg, ou L'Itinéraire d'un Français en Iinde 124

PRÉSENCE ÉCONOMIQUE DE LA FRANCE EN INDE 127

CONCLUSION 131

BIBLIOGRAPHIE 141

La plage,
des arachides
10C
DANS L'INDE

…rquement et pesage
…stinés à être embarqués sur …

64 - Pondichéry - Une Bayadère au repos

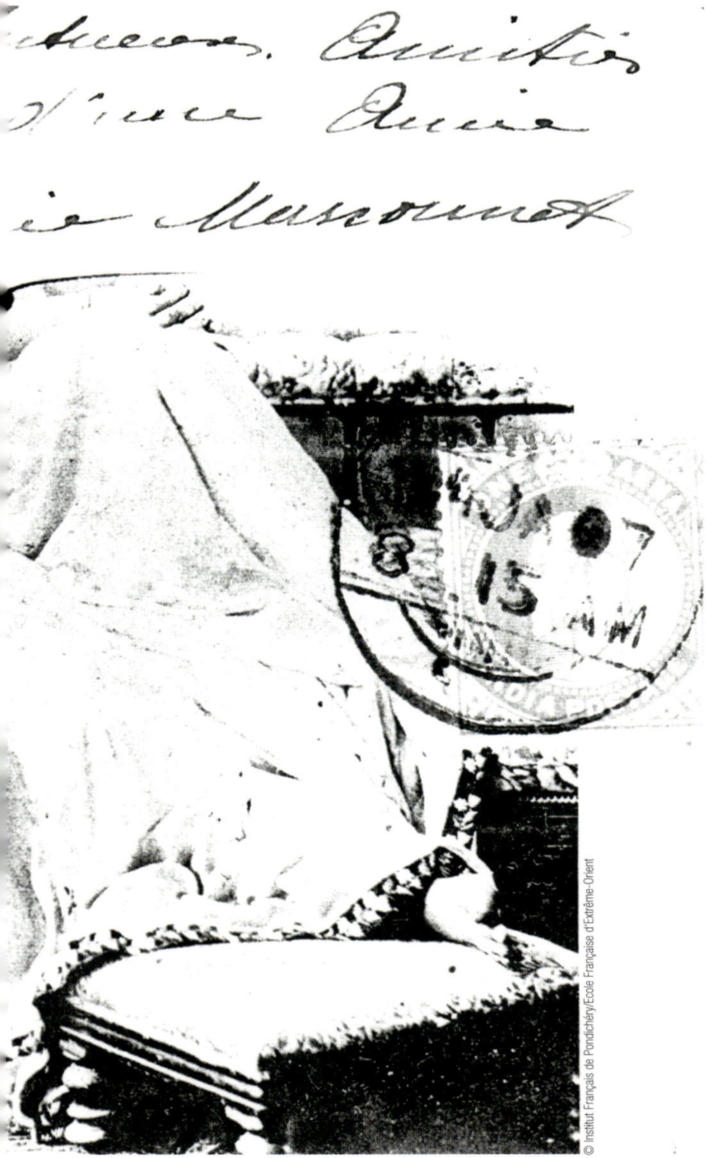

« ELLE VA, ELLE VIENT ; ELLE DANSE POUR MOI, LA BAYADÈRE. SA DANSE NE FAIT PAS DE BRUIT. SUR LES TAPIS, ON ENTEND SEULEMENT TINTER LES ANNEAUX PRÉCIEUX DE SES CHEVILLES. — SUR LES TAPIS OÙ COURENT EN CADENCE SES PETITS PIEDS NUS, AUX DOIGTS DÉLIÉS CHARGÉS DE BAGUES, AUX DOIGTS QUI REMUENT COMME DES DOIGTS DE MAIN »
– PIERRE LOTI, *L'INDE (SANS LES ANGLAIS).*

EN HAUT : TIMBRE FRANÇAIS DE L'ÉPOQUE MONTRANT LES COMPTOIRS FRANÇAIS EN INDE.

LE PALAIS DU GOUVERNEUR DE PONDICHÉRY EN 1830. LE DERNIER GOUVERNEUR DE PONDICHÉRY FUT FRANÇOIS BARON, SURRÉALISTE, PLAYBOY ET DISCIPLE DE SRI AUROBINDO.

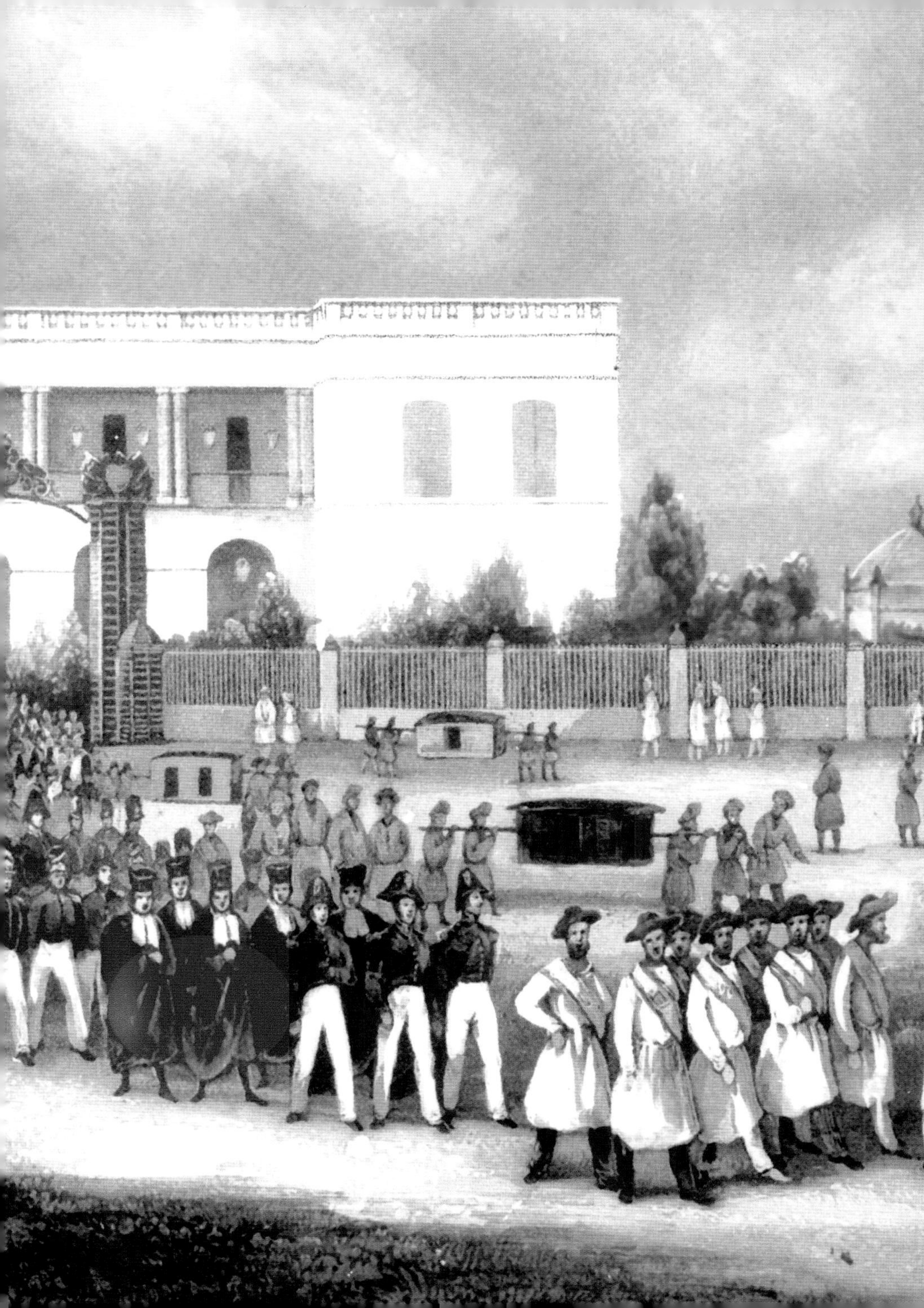

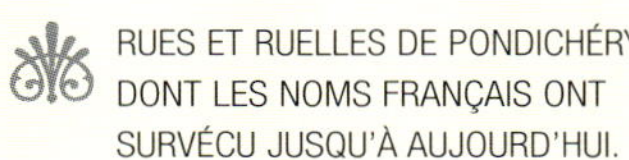
RUES ET RUELLES DE PONDICHÉRY DONT LES NOMS FRANÇAIS ONT SURVÉCU JUSQU'À AUJOURD'HUI.

À GAUCHE : SOCIÉTÉ DES CRÉOLES, FRUITS DES AMOURS FRANCO-TAMOULS DE PONDICHÉRY.

Fête du Feu.

Les Français en Inde

(Du XVe siècle à nos jours)

L'histoire de la présence française en Inde débute avec la première expédition des Indes orientales menée par François Caron en 1668 et la prise de cinq comptoirs : Pondichéry, Chandernagor, Mahé, Karikal et Yanaon. Rétrocédés à l'Union indienne en 1954, ces territoires gardent toutefois les traces de l'héritage culturel français, notamment à Pondichéry, la capitale des colonies françaises en Inde. Quelques grandes personnalités jalonnent cette période mouvementée de notre passé ; d'autres, anonymes, vivent encore là-bas et y construisent leur avenir.

INDIGÈNES MARCHANT SUR DES BRAISES ARDENTES À PLUS DE 800°. VIEILLE PRATIQUE QUI A ENCORE LIEU AUJOURD'HUI ET QUE L'ON PEUT VOIR PARTICULIÈREMENT AU TAMIL NADU. IL EXISTE DES CLUBS DE « MARCHEURS DE FEU » EN FRANCE OU EN SUISSE.

Alexandrie

1RE PARTIE

La France en Inde, hier

PONDICHÉRY

Les origines de Pondichéry

Comme toujours en Inde, l'histoire est mêlée à la légende : autrefois appelée Vedapuri, la cité était un des centres de la culture védique et le sage Agastya y avait pris demeure. La légende veut encore qu'Agastya ait prédit que Vedapuri tomberait dans l'oubli et la misère, mais qu'un autre grand sage – Sri Aurobindo – la ferait revivre…

On n'a jamais trouvé les restes archéologiques de Vedapuri. En revanche, plusieurs sites mégalithiques datant entre 800 avant J.-C. et 200 après J.-C. ont été mis au jour aux portes de l'actuelle Pondichéry[1] ; les plus connus sont les champs d'urnes de Mutra Palaiyam, une vaste nécropole comptant d'innombrables grandes jarres enterrées dans le sol à côté des défunts. Ces jarres, ainsi que divers objets à l'usage des morts trouvés à l'intérieur, étaient en terre cuite rouge et noire, semblables aux arts céramiques du sud de l'Inde de cette époque. Ce mode d'inhumation devait être courant car on retrouve des urnes funéraires un peu partout sur le territoire, y compris à Auroville, qui a son propre musée archéologique.

Aux alentours de l'ère chrétienne, trois grands royaumes existaient dans le sud de la péninsule : le royaume Pallava, le royaume Chola et le royaume Pandya qui, tour à tour, émergeront au fil des siècles pour devenir des puissances majeures avant de disparaître. Une civilisation urbaine et commerçante fleurissait alors sur

PAGE OPPOSÉE : PTOLÉMÉE. UNE REPRODUCTION DU COLOSSE D'ALEXANDRIE DEVANT LE PETIT PALAIS.
À DROITE : AGASTYA, UN SAGE DE L'ÉPOQUE VÉDIQUE, À QUI LA LÉGENDE ATTRIBUE LA FONDATION DE PONDICHÉRY.

les côtes et particulièrement sur la côte de Coromandel. Les échanges maritimes ne cessaient de s'y développer. Les embouchures des grandes rivières abritaient souvent un port. L'un d'eux était Arikamedu, à l'embouchure de la rivière Ariancoupam, sur la rive opposée de l'actuelle Pondichéry; cette ville portuaire semble avoir été un important centre commercial romain.

Gabriel Jouveau-Dubreuil, archéologue et professeur au collège de Pondichéry dans les années 1920, était persuadé que le port de Podouké, mentionné dans *Le Périple et la Géographie* de Ptolémée, représentait Puduchery, qui fut francisé plus tard sous le nom de Pondichéry. Un grand nombre de noms indiens consignés

EN HAUT : FRAGMENTS DE JARRES FUNÉRAIRES TROUVÉES PRÈS DE PONDICHÉRY.
À GAUCHE : ANCIENNE PIÈCES ROMAINES DÉTERRÉES À ARIKAMEDU, À 15 KM DE PONDICHÉRY.

LE RETOUR À AMSTERDAM EN 1599
DE LA FLOTTE DE LA COMPAGNIE
NÉERLANDAISE DES INDES ORIENTALES.

VIEILLE CARTE DE PONDICHÉRY OÙ L'ON PEUT REMARQUER LE PARFAIT QUADRILLAGE DES RUES DE PONDICHÉRY QUI A SURVÉCU JUSQU'À AUJOURD'HUI.

Grande Inondation
Champ de Ris
I
R
Q
P
O
N
M

par Ptolémée se terminant par *ké*, Jouveau-Dubreuil en a déduit que dans Podouké, Podou correspondait au tamoul *putu*, qui signifie « nouveau », et ké, suffixe d'origine grecque, aurait été mis à la place de *cëri* (Podouké-Pondichéry). La découverte de la ville antique d'Arikamedu allait confirmer son hypothèse. Il est admis aujourd'hui par tous les historiens que ces vestiges correspondent au Podouké mentionné par les auteurs grecs et que cet endroit, considéré comme un emporium par Ptolémée, était un port à l'activité commerciale intense. L'abondance des pièces romaines que l'on découvre encore aujourd'hui à chaque labour ne fait que renforcer ce postulat.

L'arrivée des Européens

Vasco de Gama fut le premier à ouvrir les portes de l'Inde à l'Europe, par la route des épices, en abordant Calicut par le cap de Bonne-Espérance en 1498. En plus de contrôler le commerce dans les mers du Sud, les Portugais apportèrent leur appui aux rois hindous du Sud en guerre contre les sultanats arabes, mais lorsque Vijayanagar, la dernière grande dynastie hindoue, fut anéantie par une coalition des rois musulmans de la région du Deccan, la colonisation des Grandes Indes fut ouverte aux autres peuples.

Il semble que ce furent les Hollandais qui, les premiers, s'installèrent à Pondichéry, où ils développèrent le commerce des toiles, drainant les artisans de la région. Mais en 1648, le comptoir hollandais fut dévasté par les armées de Bijapur et par la famine. Impatient d'attirer à nouveau les navires étrangers, Sher Khan Lodi, alors gouverneur de la région, entra en contact avec François Martin, un employé de la Compagnie des Indes orientales, qui accepta le principe d'un comptoir.

Né à Paris vers 1634 dans une famille modeste, François Martin n'était encore à vingt-huit ans qu'un simple garçon épicier. Marié, père de famille, presque sans ressources, il obtint un petit emploi dans la Compagnie des Indes. Envoyé à Madagascar puis à Surate (l'actuel État du Gujarat), il fit preuve de beaucoup de diligence et grimpa rapidement en grade. Après avoir été contacté par Sher Khan Lodi, François Martin, suivi de seulement soixante hommes, prit possession de Pondichéry. C'était en 1673 ; il présentait alors l'aspect d'un village indien : « On n'y voyait que des cases, couvertes en roseaux ; point de magasins ». Des colons arrivèrent peu après ; il fallut faire respecter – au besoin par la force des armes – la cité naissante. Des fortifications furent improvisées, une garnison fut réunie. Au mois d'août 1693, les Hollandais, jaloux du succès de Pondichéry, vinrent mettre le siège devant la ville avec dix-neuf vaisseaux, trois mille cinq cents hommes et cinquante canons. Martin n'avait à leur opposer que trente à quarante Européens, trois ou quatre cents soldats hindous et six canons. Il dut se rendre après quatorze jours de siège et fut rapatrié en France. Mais il revint à Pondichéry la tête haute en 1701, en tant que général des Français en Inde. Il ne lui restait plus que six ans à vivre. Une des rues principales de la « ville blanche » de Pondichéry porte encore son nom.

Le gouvernement de Dupleix

Joseph-François Dupleix naquit à Landrecies dans le Nord, le 1er janvier 1697. Son père était alors contrôleur général des domaines du Hainault. Pensionnaire, le jeune Joseph-François ne fit pas de brillantes études et préféra les voyages. En 1722, il s'embarqua pour Pondichéry avec le titre de Premier

PAGE OPPOSÉE : INSIGNE DE LA COMPAGNIE NÉERLANDAISE DES INDES ORIENTALES.
CI-DESSOUS : UNE AQUARELLE PAR UN ARTISTE ANONYME DES JARDINS DE DUPLEIX (XVIIIe).

conseiller, mais à son arrivée, il se heurta à l'hostilité du Conseil et dut, après maintes tractations, se contenter de la place de 4e conseiller ! En 1731, Dupleix fut nommé directeur à Chandernagor, où il resta sept ans. Il fut un excellent administrateur et réussit même à se bâtir une importante fortune personnelle. En 1741, il épousa Jeanne Albert de Castro, une créole de Pondichéry d'ascendance portugaise, qui sera jusqu'à la fin sa très proche collaboratrice.

PAGES PRÉCÉDENTES : GRAVURE PAR UN ARTISTE ANONYME DES ENTREPÔTS ET DE LA MAISON DU GOUVERNEUR DE PONDICHÉRY AU DÉBUT DU XIXE SIÈCLE (ANONYME).

CI-DESSUS ET PAGE OPPOSÉE : TOUT AU BOUT DE LA PROMENADE DE MER À PONDICHÉRY, LA STATUE DE DUPLEIX, LE GRAND HOMME DES INDES FRANÇAISES.

Dupleix revint à Pondichéry en 1742 en tant que gouverneur et président du Conseil supérieur. Le Grand Mogol venait de lui conférer le titre de nabab et désormais Dupleix arborait un drapeau blanc à soleil d'or. La période qui s'étend de 1742 à 1754 fut marquée par le génie et la ruse de Dupleix qui réussit, grâce à d'habiles alliances politiques et quelques audacieux coups de main, à dominer tout le plateau du Deccan, à se saisir d'Hyderabad puis d'Aurangadabad, pour se retrouver ainsi aux portes de Bombay et du Bengale, clés de la suprématie militaire et économique de l'Inde.

Le succès de Dupleix est en grande partie dû à son courtier, Ananda Ranga Pillai, personnalité remarquable, qui sut garder son indianité tout en prenant le meilleur de la France. Né le 30 mars 1709 à Perambur, tout près de Madras, il avait six ans quand son père vint s'établir à Pondichéry, sur l'invitation de son oncle Naniappa Pillai, chef de la communauté hindoue. Ranga avait la passion du commerce ; il devint très rapidement un homme d'affaires important, chargeant des marchandises sur de nombreux navires et faisant office de courtier dans plusieurs transactions pour la Compagnie des Indes. Ranga Pillai avait aussi le génie politique et il suivait d'un regard attentif et perspicace les événements qui se déroulaient à Pondichéry et dans l'Inde, mais également dans l'ensemble du monde. Il avait la confiance de Dupleix qui le nomma « dubash » (interprète) et en fit bientôt le chef de la communauté indienne.

DUPLEIX

Weber del.

Lith. de Marlet & Cie r. du Bouloi, No 19

Cipayes.

UN BRAHMANE DONNANT UNE AUMÔNE À UN INTOUCHABLE DONT ON REMARQUE L'ASPECT SERVILE. L'INTOUCHABILITÉ RESTE UN PROBLÈME DANS LE SUD DE L'INDE, MAIS ELLE A SURTOUT LIEU ENTRE BASSES CASTES DANS LE MÊME VILLAGE.

PAGE OPPOSÉE : C'EST FRANÇOIS MARTIN QUI LE PREMIER ENRÔLA DES INDIGÈNES QUI FURENT INSTRUITS ET DISCIPLINÉS À L'EUROPÉENNE. TELLE EST L'ORIGINE DE CES RÉGIMENTS DE CIPAYES, QUI DEPUIS FURENT ORGANISÉS DANS L'INDE.

De 1736 jusqu'à sa mort en 1761, Ananda Ranga rédigea son journal, document historique et œuvre littéraire qui éclaire l'histoire de Pondichéry et donne le point de vue indien sur les événements du temps de Dupleix. Grâce à ce journal, on sait que dès le début du XVIIIe siècle, des pressions constantes étaient exercées sur l'administration par les jésuites pour éliminer de la ville les temples hindous et les mosquées. En 1748, durant le siège de Pondichéry, Madame Dupleix ordonna la destruction du temple de Vedapurivaran, juste à côté de l'église des jésuites. Cette démolition « sacrilège » est décrite par Ananda Ranga Pillai : « Alors, le Père Cœurdoux frappa le lingam (symbole de Shiva) avec un marteau et ordonna aux soldats de briser les autres idoles, disant sur ce à Madame Dupleix qu'elle était une de ces grandes âmes qui avait réussi ce que eux, les jésuites, n'avaient pu accomplir en cinquante

PAGE OPPOSÉE : LE REMARQUABLE COURTIER DE DUPLEIX, ANANDA RANGA PILLAI, DONT LES CARNETS FOURNISSENT UN INDISPENSABLE LEXIQUE DE LA GRANDEUR ET LA DÉCADENCE DES INDES FRANÇAISES. **CI-DESSUS ET CI-DESSOUS :** LA MAISON D' ANANDA RANGA PILLAI, QUI SE SITUE PRÈS DU BAZAR DE PONDICHÉRY ET QUE L'ON PEUT VISITER AUJOURD'HUI.

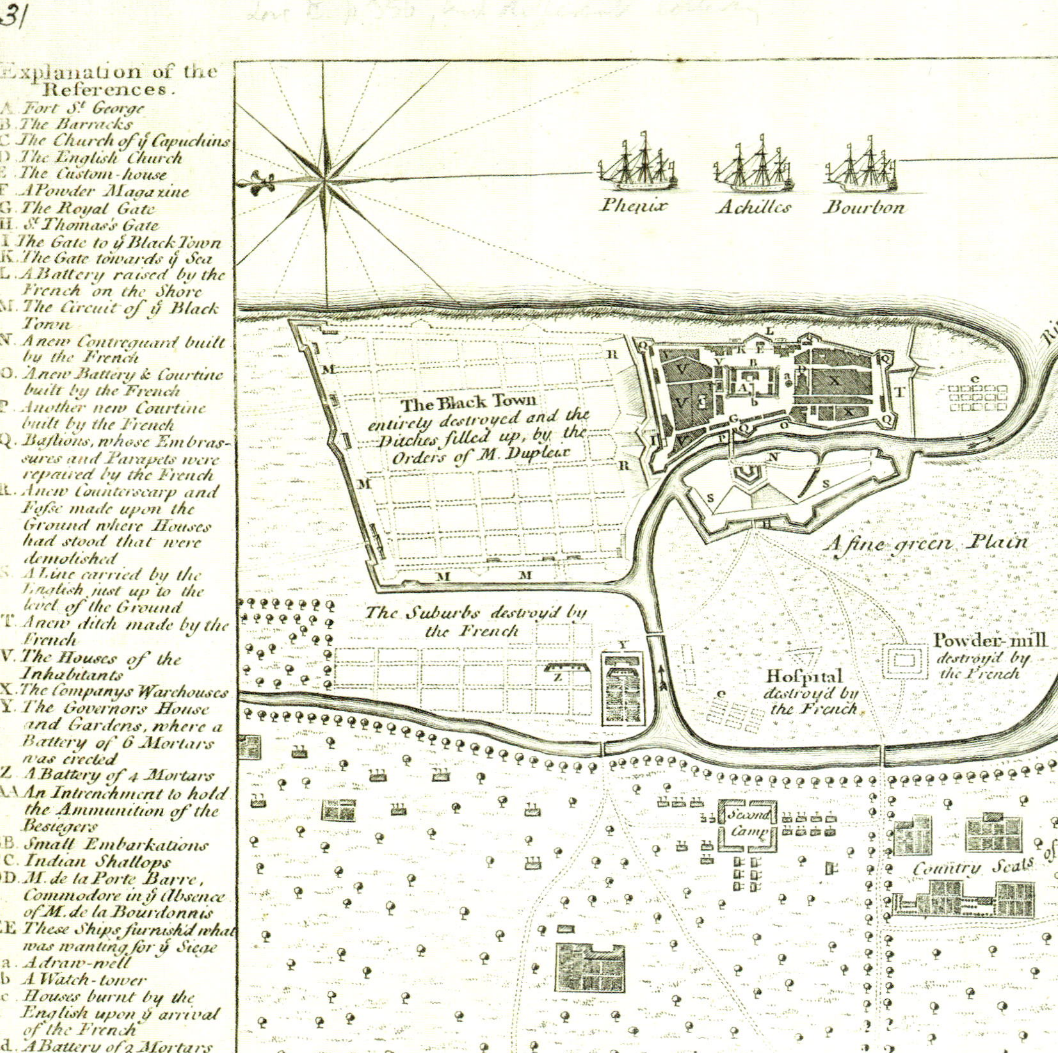
31
Explanation of the References.
A. Fort St. George
B. The Barracks
C. The Church of ye Capuchins
D. The English Church
E. The Custom-house
F. A Powder Magazine
G. The Royal Gate
H. St. Thomas's Gate
I. The Gate to ye Black Town
K. The Gate towards ye Sea
L. A Battery raised by the French on the Shore
M. The Circuit of ye Black Town
N. A new Contreguard built by the French
O. A new Battery & Courtine built by the French
P. Another new Courtine built by the French
Q. Bastions, whose Embrasures and Parapets were repaired by the French
R. A new Counterscarp and Fosse made upon the Ground where Houses had stood that were demolished
S. A Line carried by the English just up to the level of the Ground
T. A new ditch made by the French
V. The Houses of the Inhabitants
X. The Companys Warehouses
Y. The Governors House and Gardens, where a Battery of 6 Mortars was erected
Z. A Battery of 4 Mortars
AA. An Intrenchment to hold the Ammunition of the Besiegers
BB. Small Embarkations
CC. Indian Shallops
DD. M. de la Porte Barre, Commodore in ye Absence of M. de la Bourdonnis
EE. These Ships furnish'd what was wanting for ye Siege
a. A draw-well
b. A Watch-tower
c. Houses burnt by the English upon ye arrival of the French
d. A Battery of 2 Mortars
e. A Fish-pond
Phenix
Achilles
Bourbon
The Black Town entirely destroyed and the Ditches filled up, by the Orders of M. Dupleix
A fine green Plain
The Suburbs destroy'd by the French
Powder-mill destroy'd by the French
Hospital destroy'd by the French
Second Camp
Country Seats
Engrav'd for the Universal Magazine for J. Hinton at the Kings A.

ans. » Et Pillai conclut : « Le temple a été rasé et le cœur des Pondichériens est en peine. Les sages diront cependant que la gloire d'une image est aussi éphémère que le bonheur humain. »

Dans ce climat d'instabilité politique et militaire, autant dans le sud de l'Inde qu'en Europe, Dupleix fut rappelé par Louis XV en septembre 1753. Le 16 janvier 1761, Pondichéry se rendit aux Anglais. Les habitants eurent trois mois pour quitter les lieux et la ville fut complètement rasée. Dupleix s'éteignit dans la misère et l'indifférence en 1763. Le traité de Paris du 10 février 1763 ne laissera à la France que cinq petits comptoirs : Mahé, Karikal, Yanaon, Chandernagor et Pondichéry ; c'en était fini du rêve d'une Inde française.

Mais les ennuis avec les Anglais n'étaient pas terminés : la guerre ayant été déclarée entre la France et l'Angleterre le 2 août 1778, Pondichéry fut une fois de plus investi. Le 17 octobre, la capitulation fut signée et la ville de nouveau occupée par les Anglais. Elle fut rendue aux Français le 1er février 1785 et resta en leur possession jusqu'au 22 août 1793, avant d'être de nouveau occupée par les Anglais jusqu'en décembre 1816. Après cela, les cinq comptoirs revinrent aux Français jusqu'à la cession de 1954.

CARTE DU FORT SAINT-GEORGE DE MADRAS PRIS PAR LES FRANÇAIS.

Les quatre autres comptoirs

KARIKAL

Karikal, qui se situe dans le delta de la Cauvery, à 165 km au sud de Pondichéry, est une ancienne cité qui faisait partie du royaume Pallava, dès le dernier quart du VIe siècle. C'est en 1739 que les Français s'y installèrent de façon durable, après l'avoir obtenue du roi de Tanjore, le raja Pratab Singh. Mais en 1750, un traité fut conclu avec le roi qui céda alors quatre-vingt-un villages autour de Karikal. En 1754, lors d'un accord avec les Anglais, Karikal revint aux Français, pour être repris deux ans plus tard par les mêmes Anglais ! C'est alors que l'impétueux général Lally-Tollendal débarqua à Cuddalore – un petit port à 40 km au sud de Pondichéry –, le prit et le rasa. Il rejoignit ensuite Karikal le 25 juin 1758, qu'il parvint à reprendre. À court de munitions, il soutira aux Danois de Tranquebar 20 000 livres de poudre et autres armes, ce qui ne l'empêcha pas de piller maisons et temples des environs, dans l'espoir d'y trouver de l'or. Excédé, le raja de Tanjore fit alors appel aux Anglais. Le 28 mars 1760, Karikal fut attaqué par mer et se rendit le 5 avril de la même année.

Aujourd'hui, Karikal est une charmante petite ville qui n'a pas subi, hormis le siège de 1760, les bouleversements de sa grande sœur Pondichéry. Le quartier le plus pittoresque est sans doute celui de la grande mosquée, avec son marché couvert attenant. L'autre pôle d'attraction de la ville est le temple Ammaiyar, situé dans la grande rue de Karikal. Ce temple est dédié à la sainte – seule femme parmi les soixante-trois saints shivaïtes – ayant rendu célèbre le nom de Karikal dans tout le pays tamoul. Poétesse mystique, Ammiyar a vécu à Karikal au VIe siècle et a fini sa vie en ermite.

PAGE OPPOSÉE : PORTRAIT DE TROPHIME GÉRARD,MARQUIS DE LALLY-TOLLENDAL, DEVANT LE BUSTE DE SON PÈRE, QUI FUT RENDU RESPONSABLE DE LA DÉFAITE DE PONDICHÉRY EN JANVIER 1776, PUIS EXÉCUTÉ. SOUTENU PAR VOLTAIRE DÈS 1773, IL OBTIENT EN 1778 LA CASSATION DE L'ARRÊT DU PARLEMENT.

COLONIES FRANÇAISES COMPTOI

EMPIRE DE L'INDE

Chandernagor

Yanaon

Pondichéry

Mahé

Karikal

OCÉAN INDIEN

Jusqu'à des temps récents, les rues de la ville portaient les noms des artisans qui y habitaient : rue des Chaudronniers, rue du Bazar, rue de la Place aux Trois-Puits, rue du Tabellion David Poullé, rue des Magasins d'indigo, rue de Kader Sultan... Au hasard des rues, on peut admirer les grandes résidences musulmanes et les maisons hindoues traditionnelles, plus discrètes, avec leur double véranda extérieure – qui ont pratiquement disparu de Pondichéry – et leurs fameux « capte-vent » que l'on voit émerger des toits, sortes de panneaux de bois

LALLY TOLLENDAL, OFFICIER FRANÇAIS D'ORIGINE IRLANDAISE, RENDU RESPONSABLE DE LA DÉFAITE FRANÇAISE À PONDICHÉRY EN JANVIER 1761.
À GAUCHE : ANCIENNE CARTE DES INDES FRANÇAISES. L'IMAGERIE NAÏVE ET LÉGÈREMENT CARICATURALE SERA REPRISE PAR HERGÉ.

qui rabattent la brise vers la cour intérieure pour la rafraîchir. En longeant la rive, on rejoint la mer où se dressent un phare solitaire et une maison en ruine.

La cuisine karikalaise est raffinée. Parmi les spécialités figurent les djalour (crêpes dentelles), le poulet en sauce verte, le mirobolant à la crème… Et si vous appréciez les sucreries indiennes, ne manquez pas les gulab jammun de Nagurar, vendus chauds dans une toute petite boutique au carrefour principal. Cet humble confiseur a encore deux ou trois autres spécialités succulentes, comme le halva de graines de coton qui ne se déguste nulle par ailleurs.

CHANDERNAGOR

Ce nom aux sonorités musicales évoque un lieu profondément romantique, dont voici l'histoire tourmentée. En 1674, un gentilhomme breton, du Plessis, fut envoyé au Bengale par la Compagnie des Indes orientales pour acheter un terrain au sud de la ville d'Hougly, près de Calcutta, sur les bords du Gange. Il obtint du nabab un firman (édit) nécessaire à l'installation de la Compagnie non seulement à Hougly, mais également à Dacca, à Cassimbazar et à Balassor. Malheureusement, le manque de profits empêcha la Compagnie d'y donner suite. Le 30 août 1688, sur l'ordre de Claude Céberet, directeur de la Compagnie des Indes orientales, le gouverneur de Pondichéry François Martin envoya son gendre André Bourreau-Deslandes sur le *Saint-Nicolas* pour fonder les comptoirs de la Compagnie dans le Bengale. En 1690, il reçut par l'intermédiaire du sous-marchand Grégoire Boutet l'autorisation du nabab de construire au sud d'Hougly, près du comptoir hollandais, des magasins entourés d'un mur

À DROITE : LE 30 AOÛT 1688, LE GOUVERNEUR DE PONDICHÉRY, FRANÇOIS MARTIN, ENVOIE SON GENDRE ANDRÉ DESLANDES SUR LE *SAINT-NICOLAS* FONDER LES COMPTOIRS DE LA COMPAGNIE DANS LE BENGALE, DONT CHANDERNAGOR EST LE SEUL FLEURON.

PAGE OPPOSÉE : CARTE DE KARIKAL. C'EST EN 1739 QUE LES FRANÇAIS S'Y INSTALLÈRENT DE FAÇON DURABLE APRÈS L'AVOIR OBTENU DU ROI DE TANJORE.

CI-DESSOUS : GRAVURE DE CHANDERNAGOR, LE PLUS POÉTIQUE DE NOS COMPTOIRS, LE PLUS RÉVOLUTIONNAIRE AUSSI, CAR CHANDERNAGOR VOIT LA PREMIÈRE CRÉATION D'UNE ASSEMBLÉE COLONIALE EN 1790.

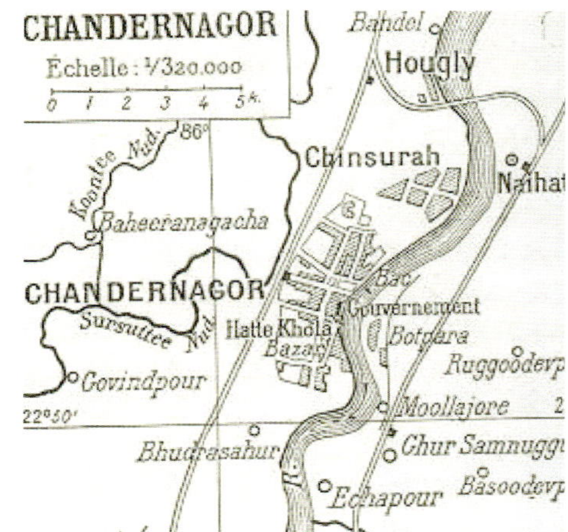

de clôture et d'un fossé : c'est la fondation de Chandernagor (le nom de Chandernagor n'apparaît pour la première fois qu'en 1696 dans un mémoire daté du 21 novembre et signé par François Martin, Bourreau-Deslandes et Pellé). L'architecte chargé de cet aménagement fut le jésuite Duchatz. En 1711, Hougly cessa d'être le comptoir principal au profit de Chandernagor. Mais en 1757, les Anglais s'emparèrent de Chandernagor, défendue alors par Renault de Saint-Germain et le triomphe de Clive à Plassey leur livra également le Bengale. Les Français furent dispersés. En 1763, le traité

CI-DESSOUS : MAISON COLONIALE PRÈS D'UN TEMPLE HINDOU DANS LES ENVIRONS DE PONDICHÉRY. REMARQUEZ LES FAMEUX BŒUFS À BOSSE (NANDI) AU LABOUR.
CI-DESSOUS À DROITE : UNE MOSQUÉE À CHANDERNAGOR. LES MUSULMANS S'ACCOMMODÈRENT BIEN DE LA PRÉSENCE FRANÇAISE ET ON LES TROUVE NOMBREUX DANS TOUS NOS ANCIENS COMPTOIRS.

AQUARELLE DE JAMES MOFFAT MONTRANT LE FORT D'ORLÉANS ET LA MAISON GHIRETTA, BUREAU ET RÉSIDENCE DE L'ADMINISTRATEUR, À CHANDERNAGORE. PLUS TARD, LES FRANÇAIS ÉRIGÈRENT LA CATHÉDRALE DU SACRÉ-CŒUR ET L'HÔTEL DE PARIS.

de Paris restitua à la France les comptoirs d'Inde, mais en 1778, les Anglais occupèrent une nouvelle fois Chandernagor. Ce n'est qu'en 1785 qu'ils restituèrent ce comptoir, avec le privilège pour le commerce.

Les Bengalis ont toujours eu le goût de la fronde et en 1790, alors que la Révolution française gagnait les établissements français en Inde, le directeur des comptoirs français à Chandernagor, Dehays de Montigny, fut contraint de s'enfuir et trouva refuge à Calcutta. Chandernagor vit la première la création d'une Assemblée coloniale, comprenant trois représentants (contre quinze à Pondichéry). Or, une dissension survint entre le comité révolutionnaire de Chandernagor, alors administré par le

À GAUCHE : PENDANT LONGTEMPS LES FRANÇAIS PONDICHÉRIENS S'ENGAGEAIENT DANS L'ARMÉE FRANÇAISE APRÈS LE BAC ET PRENAIENT LEUR RETRAIRE À 40 ANS.
CI-DESSUS : ICI, TENANT LE DRAPEAU FRANÇAIS, COUMARIN COUNIL, VOLONTAIRE DANS LA LÉGION ÉTRANGÈRE, QUI RETOURNA À MAHÉ EN 1959.

capitaine de Port F. A. Blouet, et Pondichéry. Pour finir, les Anglais s'emparèrent pour la troisième et dernière fois de Chandernagor en 1793 ; ils nommèrent Richard Birch gouverneur de la place. En 1802, le traité d'Amiens restitua Chandernagor à la France, mais à peine fut-il connu en Inde que les hostilités reprirent entre Français et Anglais.

Pour résumer, Chandernagor fut déclaré ville libre en 1947, avant les autres comptoirs français. En 1949, lors d'un référendum, la population se prononça à une écrasante majorité pour le rattachement de la ville à l'Union indienne. Un an plus tard, ce sera le transfert de la souveraineté sur Chandernagor de la France à l'Inde.

Aujourd'hui, il ne reste à Chandannagar que très peu de vestiges de la grandeur et de la décadence de la période coloniale. Le Chandannagar Museum and Institute conserve quelques souvenirs de la présence française.

BERTRAND FRANÇOIS MAHÉ, COMTE DE LA BOURDONNAIS, NÉ À SAINT-MALO LE 11 FÉVRIER 1699 ET MORT À PARIS LE 10 NOVEMBRE 1753. IL FUT ADMINISTRATEUR AU SERVICE DE LA COMPAGNIE FRANÇAISE DES INDES ORIENTALES.
CI-DESSOUS : TOMBE D'UN TAMOUL INTOUCHABLE CONVERTI À MAHÉ.
PAGE OPPOSÉE : YANAM OU YANAON, LA MOINS CONNUE DE NOS ANCIENNES COLONIES, EST ENCLAVÉE DANS L'ÉTAT DE L'ANDHRA PRADESH À L'EST DU FLEUVE GODAVARI ET À 9 KM DE LA MER.

MAHÉ

Mahé reste célèbre grâce au livre de Pierre Loti *L'Inde (sans les Anglais)*, suivi de *Mahé des Indes*, court récit anecdotique et lyrique d'une escale de trois jours que l'auteur effectua en 1884 dans ce petit comptoir français du Kerala. Mahé, contrairement aux autres districts du territoire de Pondichéry, est situé sur la côte de Malabar, correspondant à la partie nord de l'État actuel du Kerala. Bordé au sud-ouest par la mer d'Oman, au nord par le fleuve Ponniyar (Moolakadavu) et par des collines calcaires de moyenne altitude, Mahé a une superficie de 9 km². Le district est constitué de trois entités : la ville de Mahé proprement dite, la petite enclave de Kallayi et le Naluthura. Le nom originel de la région est Mayyali, qui signifie « embouchure de la rivière noire ».

L'histoire de Mahé commença en 1721, lorsque André Mollandin, le représentant de la Compagnie française des Indes orientales, y débarqua. Le 2 avril de cette même année, Mollandin et le raja Vazhunnavar de Badagara (retranscrit Bayanor de Bargaret dans les documents français) conclurent un accord permettant aux Français d'établir un comptoir – en fait, un entrepôt – à l'embouchure du fleuve. Un fort y fut construit en 1724. Mais en 1725, les Anglais persuadèrent le raja d'expulser les Français hors de Mayyali. Les rapports entre le raja et les Français se dégradèrent jusqu'à ce qu'un conflit éclatât. Les Français se replièrent sur Calicut mais, en décembre, reprirent le comptoir.

En 1741, le capitaine Bertrand-François Mahé de La Bourdonnais, qui dirigeait une escadre armée de moyens de fortune, libéra le comptoir, alors occupé par les Marathes[2]. C'est suite à cette conquête que son nom fut donné à la ville. Après l'indépendance indienne de 1947, comme les autres comptoirs, Mahé resta sous juridiction française avant de rejoindre finalement l'Union indienne le 13 juin 1954.

Malheureusement, il reste à Mahé encore moins de traces de la présence française qu'à Chandernagor. La rue principale, que traverse la Nationale, n'est qu'une succession de quincailleries et de bars – l'alcool étant moins cher dans les territoires dépendant de Pondichéry, en raison de faibles taxes. Un seul bâtiment français, au bord du fleuve, semble avoir survécu à l'usure du temps. Pour avoir une idée de la splendeur de Mahé, il faut absolument lire le roman de Maniyambath Mukundan : *Sur les rives du fleuve Mahé*.

YANAON

Yanam, ou Yanaon, est enclavé dans l'État de l'Andhra Pradesh, à l'est du fleuve Godâvarî, à 9 km de la mer. D'une superficie de 30 km², sa juridiction s'étend sur la ville elle-même et sur huit villages alentours. Sa population

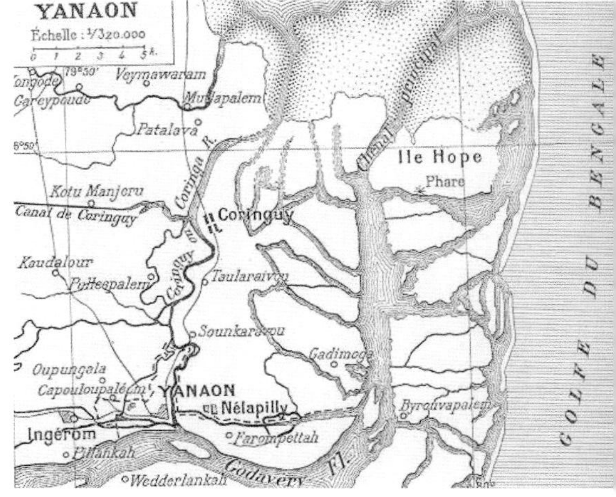

s'élève à quelque 54 000 habitants et l'on y parle le télougou.

En 1731, un firman de Haji Hassan Khan, un nabab de Masulipatam, autorisa le représentant français Fouquet, alors directeur de la Compagnie des Indes orientales à Machilipatnam, à établir une « loge » à Yanam pour le commerce français. Mais la véritable histoire de Yanaon – troisième colonie française établie en Inde – ne commença qu'en 1750, lorsque cette région fut offerte au marquis de Bussy, général français, par le roi Rama Raju de Vizianagaram, en reconnaissance de l'aide apportée par le général dans le combat contre les nizam (dirigeants) d'une ville voisine. Muhyi ad-Din Muzaffar Jang Hidayat, nizam de Hyderabad, confirma le 31 décembre 1750 la souveraineté des Français sur ce territoire. En 1753, un autre édit d'Asif ad-Dawlah Mir Ali Salabat Jang concéda à de Bussy, pour l'avoir aidé à obtenir le titre de Subedar du Deccan, les circonscriptions fiscales de quatre villes. Si bien qu'avec un revenu annuel de 200 000 roupies pour l'entretien des troupes françaises dans la province en reconnaissance de l'aide de ces districts, les Français atteignaient un pactole d'un million de roupies par an, une petite fortune pour l'époque. Yanaon acquit alors une importance considérable.

Entre 1778 et 1783, le territoire de Pondichéry était sous l'occupation britannique ; Yanaon tomba également. Le troisième comptoir ne sera rendu à la France qu'en 1785 et c'est Pierre Sonnerat, célèbre pour avoir écrit le *Voyage aux Indes orientales et en Chine*, qui en prendra possession. Par la suite, Yanaon tombera encore deux fois aux mains des Anglais. Après les guerres napoléoniennes, le traité de Paris (1814) restitua finalement Yanaon aux Français le 25 septembre 1816. Elle le restera jusqu'au 13 juin 1954, date à laquelle le comptoir rejoignit la République de l'Inde.

Aujourd'hui, Yanaon est à la fois une ville et un État (Union Territory), administré par le gouvernement d'Union de Pondichéry.

À DROITE : VUES DE LA RIVIÈRE CORINGA À YANAON,SUR LAQUELLE DES PETITS VAISSEAUX POUVAIENT NAVIGUER.
CI-DESSOUS : INDIGÈNES DE YANAON. NOTEZ LEURS HUTTES À TOITS DE CHAUME ET LEURS PIROGUES TAILLÉES DANS DES TRONCS DE PALMIERS.

ILLUSTRATION TIRÉE DE L'HISTOIRE DES MISSIONS CATHOLIQUES DES SOEURS DE NOTRE-DAME DU SECOURS DE PONDICHÉRY.
CI-DESSOUS : NOUVEAUX CONVERTIS TAMOULS AVEC UN MISSIONNAIRE FRANÇAIS DEVANT LEUR ÉGLISE DE FORTUNE.

0. PONDICHÉRY — Pousse-Pousse

LES FAMEUX RICKSHAWS DE PONDICHÉRY, IMPORTÉS DE CHINE.
CI-DESSOUS : UNE LEÇON D'HISTOIRE À DES JEUNES BRAHMANES DE PONDICHÉRY.

Comment vivaient les Français en Inde ?

Nous nous concentrerons principalement sur la vie à Pondichéry qui incarnait parfaitement les conditions d'alors dans les quatre autres comptoirs. Pondichéry a longtemps gardé un caractère profondément rural (les campagnes représentent encore 80 % de la vie indienne contemporaine) qui se manifestait dans la profusion des champs de riz et par un grand nombre de jardins et de bosquets d'arbres variés.

D'anciens plans urbains hollandais montrent dans la zone basse et allongée de Pondichéry des étangs, des champs de riz, des petits jardins hindous, ceux de la Compagnie française des Indes orientales et, au-delà, des grands vergers et des cocoteraies de petits propriétaires indiens et jésuites. Dans son journal, François Martin insiste sur l'importance des jardins potagers de Pondichéry : « C'était l'endroit de la côte où l'on trouvait le plus de sortes d'herbages et de légumes en abondance. [...] c'est proprement un potager. »

Quant aux constructions, elles étaient irrégulièrement distribuées suivant les zones. À l'est, celles des Européens occupaient un espace restreint autour du fort et celles des Indiens s'étiraient selon une direction nord-sud, de part et d'autre des remparts défensifs, disposition qui semble avoir déterminé les alignements des rues actuelles. À l'ouest, seule la partie située au nord de la rivière Uppar était construite de façon irrégulière et anarchique, comme le souligne François Martin : « Les maisons ou cabanes que les Européens occupaient étaient distribuées éparses çà et là sans ordre ni alignement et les voies de circulation étaient des venelles bordant des espaces cultivés, formant un ensemble confus d'embranchements s'adaptant aux irrégularités de la

PAGE OPPOSÉE : VÉRANDA D'UNE MAISON COLONIALE DE PONDICHÉRY, AVEC COLONNES ET ESCALIER D'HONNEUR.

LE COLLÈGE DE CALVÉ DANS LA RUE DE LA MISSION À PONDICHÉRY. CE BÂTIMENT EXISTE TOUJOURS.
CI-DESSOUS : LE COLLÈGE COLONIAL DANS LA VILLE « BLANCHE » DE PONDICHÉRY.

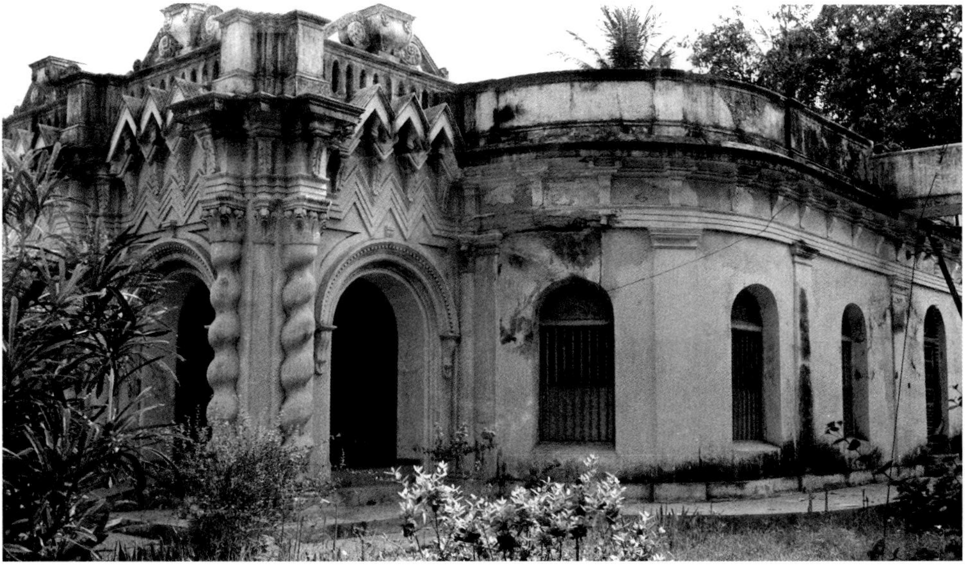

© Ecole Française d'Extrême-Orient

UNE MAISON TRADITIONNELLE DANS LE STYLE COLONIAL. IL N'EN RESTE MALHEUREUSEMENT PLUS BEAUCOUP.
CI-DESSOUS : VIEILLE CARTE POSTALE DU COLLÈGE CALVÉ DE PONDICHÉRY.

© Institut Français de Pondichéry/Ecole Française d'Extrême-Orient

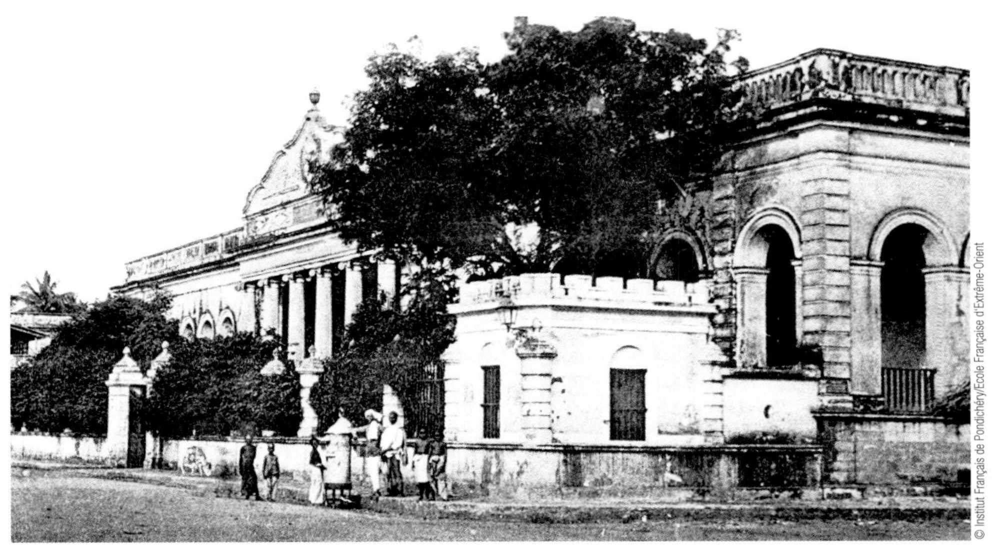

topographie. » L'agglomération s'était donc développée au hasard des migrations de populations, sans souci d'aménagement véritable, comme c'est encore le cas en Inde aujourd'hui.

L'architecture traditionnelle des maisons de la « ville blanche »[3], entre le canal et la mer, que l'on peut voir de nos jours, date du XIXe siècle, lorsque la ville fut reconstruite. Ces demeures restent fidèles au modèle en vogue au XVIIIe siècle : décoration néo-classique et agencement des pièces de la maison autour d'un salon central. L'usage de séparer les pièces par des corridors devint courant en Europe au XIXe siècle, lorsqu'on éprouva le besoin de protéger l'intimité, mais il ne sut pas s'imposer à Pondichéry, ne s'accordant ni au climat, ni aux mœurs locales. L'entrée est constituée d'un portail imposant à deux lourds battants de bois surmonté de motifs décoratifs en terre cuite.

La maison de maître est située au centre d'un vaste jardin ; on y accède par une véranda soutenue par des colonnes en maçonnerie, aux chapiteaux travaillés dans un style grec. À la suite se trouve un grand salon central au plafond surélevé par rapport à l'ensemble déjà très haut, pour une meilleure aération de la pièce. Les murs peuvent également être percés d'œils-de-bœuf très haut placés. Quelques pièces se répartissent sur les côtés et à l'arrière, où s'ouvre une deuxième véranda. Portes et fenêtres sont toujours ouvertes, de nuit comme de jour, afin de faire entrer l'air, notamment pendant la saison chaude. Dans

L'ENTRÉE DE L'HÔTEL DE L'ORIENT, UNE DES PLUS BELLES MAISONS PONDICHÉRIENNES RESTAURÉE PAR FRANCIS WACZIARG, UN FRANÇAIS VIVANT EN INDE DEPUIS 35 ANS, QUI POSSÈDE UNE CHAÎNE D'HÔTELS DE CHARME.

quelques maisons anciennes, on peut encore voir les murs des chambres percés de longues fentes par où passaient les cordes reliées à un *panka* – sorte de grand écran de tissu qui faisait office de ventilateur –, actionné par un jeune serviteur dans une pièce adjacente. Ces hôtels particuliers ont été rasés ces dernières années et les dépendances ont disparu ; il en reste cependant un certain nombre, surtout ceux destinés à un usage public, tels l'ashram Sri Aurobindo ou l'Institut français.

À l'époque coloniale, les Européens, comprenant religieux, soldats et officiers, n'étaient pas plus de deux cents et représentaient une petite minorité à Pondichéry. La population était essentiellement d'origine indienne. François Martin se souvient qu'il vit un jour de marché au bazar principal, « plus de dix mille Noirs ». Cette population, principalement hindoue avec une importante minorité musulmane, était répartie sur l'ensemble de la zone habitée, puisqu'il n'y avait pas encore de séparation entre la « ville blanche » et la « ville noire ». Les Hindous avaient l'habitude de

EXTRÊME GAUCHE : LA TERRASSE JOUE UN RÔLE IMPORTANT DANS CES DEMEURES COLONIALES, CAR ON Y PASSE LES HEURES AGRÉABLES ET ON CONTEMPLE CE QUI SE PASSE DANS LA RUE EN DESSOUS.
DÉTAIL D'UNE SUPERBE VILLA CONSTRUITE EN 1774 POUR SIMON LAGRENÉE DE MÉZIÈRES, MEMBRE DU CONSEIL SUPÉRIEUR DE LA COMPAGNIE DES INDES, DEVENUE AUJOURD'HUI LE CENTRE DE BRODERIE DES SŒURS DE SAINT-JOSEPH DE CLUNY.
À GAUCHE : DÉTAIL D'UNE MAISON À PONDICHÉRY.

s'installer autour de leurs temples et l'on en comptait au moins cinq à Pondichéry. L'un d'entre eux, certainement désaffecté du temps de François Martin car il est mentionné comme étant de « vieille » structure, avec ses *mandapas* (pavillons à toit plat) et ses galeries, était utilisé comme résidence par l'adjoint au gouverneur de la ville, Jean-Baptiste Martin. Un autre, situé à l'ouest du fort, fut en grande partie démoli par les Français lors du siège des Hollandais. Plus loin s'élevait le grand sanctuaire de Vedapuri Jsvaran, que François Martin n'osa probablement pas détruire de peur de se mettre la population à dos, et auprès duquel les jésuites étaient venus s'installer. Enfin, il en existait deux autres bordés d'un étang au sud-est du grand bazar actuel.

Grâce à un document exceptionnel retrouvé par l'Institut français, le « papier-terrier » de la « ville blanche » – le premier recensement général des propriétés de la ville, ordonné par le gouverneur Bellecombe en 1777 –, on connaît les noms des différents propriétaires de parcelles de cette partie de la ville. On constate par ailleurs que la

À GAUCHE : UNE TERRASSE INTÉRIEURE D'UNE MAISON PRIVÉE À PONDICHÉRY. ON Y PREND LE PETIT DÉJEUNER ET L'APÉRITIF LE SOIR.
CI-DESSOUS : MEUBLES ANCIENS FRANCO-PONDICHÉRIENS, GÉNÉRALEMENT EN TEK OU EN BOIS DE ROSE.

CI-DESSUS : LA VÉRANDA DE L'HÔTEL LAGRENÉE DE MÉZIÈRES. NOTEZ LES FRESQUES ET LES PORTES EN TEK QUI ONT DES PERSIENNES POUR LAISSER PASSER L'AIR.
À DROITE : LE MONUMENTAL ESCALIER DE L'HÔTEL DE VILLE DE PONDICHÉRY, SITUÉ EN BORD DE MER.

population fut dénombrée en fonction des classes sociales et des communautés. Dans les notices de l'enquête, les noms propres des Français étaient précédés de trois qualifications qui correspondaient à trois niveaux sociaux distincts : « monsieur, madame » n'étaient donnés qu'aux gens de très haute condition, le « sieur » était attribué aux gens bien établis et le « nommé » était réservé aux gens d'une condition plus commune. Le reste de la population était classé en « topas » ou « gens à chapeaux », Tamouls ou d'autres origines (Arméniens et Musulmans).

Les témoignages de l'époque évoquent un surprenant mélange architectural : vue du plateau, la ville apparaît comme « une verte émeraude enchâssée dans l'azur du ciel et de l'eau » (Édouard de Warren) et vue du large, elle donne « une impression de grandeur, presque de majesté et de calme » (Paul

LE FOYER DU SOLDAT, PRÈS DE L'ASHRAM SRI AUROBINDO. AUJOURD'HUI IL N'Y A PLUS BEAUCOUP DE TAMOULS FRANÇAIS QUI S'ENGAGENT DANS L'ARMÉE.

Bluysen). La « ville blanche » ne manque pas d'un certain charme avec son plan aéré, ses grandes lignes architecturales et ses belles demeures coloniales au cachet moitié européen, moitié indien. La ville dite « noire », construite suivant le même plan en damier que la « ville blanche », avait, elle, un habitat moins homogène ; on y comptait davantage de maisons en briques avec des portes d'entrée massives et des paillotes.

En ruine après le départ des Britanniques en 1816, la ville de Pondichéry fut restaurée par les premiers gouverneurs français, mais c'est seulement dans la seconde moitié du siècle que furent réalisées les constructions les plus significatives, tels l'Hôtel du gouvernement et le Palais de justice, à l'initiative du gouvernement et des particuliers.

LA COUR INTÉRIEURE ET L'ESCALIER DE LA MAISON COLOMBANI, UN CORSE, QUI VÉCUT TOUTE SA VIE À PONDICHÉRY ET Y OUVRIT LA PREMIÈRE STATION-SERVICE.

شبیه شاه شجاع بهادر و اورنگ زیب بهادر و مراد بخش عمل بالچند

Les grands voyageurs français

Si de nombreux Français qui se rendaient en Inde au XIXe siècle et au début du XXe siècle le faisaient essentiellement pour le commerce, d'autres, tels François Bernier ou Maurice Maindron, savaient qu'il fallait « amasser une réserve de patience » pour voyager en Inde et qu'ici, « le temps ne compte point ». Nous publions ici deux extraits de ces beaux textes qui n'ont pas vieilli.

LE DOCTEUR BERNIER

François Bernier est né le 25 ou 26 septembre 1620 à Joué-Etiau (aujourd'hui Valanjon en Maine-et-Loire) dans une modeste famille angevine. En 1652, après seulement trois mois d'études, il obtint le titre de docteur en médecine de la Faculté de Montpellier : un enseignement intensif de très courte durée était imparti aux futurs médecins qui s'engageaient à ne pas exercer sur le territoire national. Au moment où François Bernier débarqua en Inde, Aurengzeb, le troisième fils de Shah Jahan[4], devenait empereur absolu. Bernier fut ainsi un témoin exceptionnel de la vie et des mœurs de l'Inde moghole.

Dans le texte suivant, il décrit l'intérieur du palais royal, ainsi qu'une cérémonie quotidienne qui passe en revue les grands animaux de la Cour.

> « [...] De plus, on trouve plusieurs grandes salles qui sont les *karkhanas*, c'est-à-dire les lieux où travaillent les artisans. Dans l'une de ces salles, vous verrez les brodeurs occupés à leur travail avec un chef qui veille sur eux. Dans une autre, vous verrez les orfèvres ; dans celle-ci les peintres ; dans celle-là des appliqueurs de laque ; dans cette autre les menuisiers, les tourneurs, les tailleurs, les cordonniers, et dans cette autre

PAGE OPPOSÉE : UNE MINIATURE MOGHOLE, QUI MONTRE LES TROIS ENFANTS DE L'EMPEREUR SHAH JAHAN, CELUI-LÀ MÊME QUI ÉDIFIA LE TAJ MAHAL.

les ouvriers en soie et en brocarts et en toutes ces sortes de toiles fines dont on fait les turbans, les ceintures à fleurs d'or, et ces caleçons de dames qui sont si fins et si délicats qu'en certaines occurrences, ils ne leur durent qu'une nuit, quoiqu'ils valent souvent dix et douze écus et quelquefois davantage, quand ils sont de la façon que j'en ai vu, enrichis de ces fines broderies à l'aiguille. Tous ces artisans viennent le matin à ces *karkhanas*, y travaillent le long du jour et s'en retournent le soir à leur maison, chacun coulant sa vie doucement sans aspirer plus haut que sa condition.

Car le brodeur fait son fils brodeur, l'orfèvre le fait orfèvre, comme le médecin en ville le fait médecin ; et personne ne s'allie qu'avec des gens de son métier, cela s'observant religieusement, non seulement entre les Hindous qui y sont obligés par leur loi, mais presque toujours entre les mahométans même ; d'où vient qu'on voit souvent de très belles filles qui demeurent sans être mariées, passant leur temps comme elles peuvent, quoiqu'elles pussent trouver de bons partis, si les parents voulaient ou pouvaient les marier dans une autre famille qu'ils estiment moins noble que la leur.

Après tous ces appartements, on vient enfin à l'*am-khas*, qui me semble quelque chose de royal. C'est une grande cour carrée à arcades, comme pourrait être notre place Royale, avec cette différence qu'il n'y a point de bâtiments au-dessus et que les arcades sont séparées les unes des autres par une muraille, en sorte, néanmoins, qu'il y a une petite porte pour passer de l'une à l'autre.

À l'opposite de la grande porte de la cour sur laquelle est ce *nakarahkhana*, au-delà de toute la cour, il y a une grande et magnifique salle à plusieurs rangs de piliers, haut élevée, bien aérée, ouverte des trois côtés qui regardent la cour, et dont les piliers et le plafond sont peints et dorés. Dans le milieu de la muraille qui sépare cette salle d'avec le sérail, il y a une ouverture ou espèce de grande fenêtre haute et large et qui est assez élevée pour qu'on ne puisse pas y atteindre d'en bas avec la main. C'est là que paraît le roi, assis sur son trône, quelques-uns de ses fils à ses côtés et quelques eunuques debout, dont les uns lui chassent les mouches avec des queues de paons, les autres lui font du vent avec de grands éventails et les autres se tiennent là tout prêts en grand respect et modestie pour les divers services. De là, le roi voit en bas autour de soi tous les *Omrahs*[5] les *Rajas* et les ambassadeurs qui sont aussi debout sur un divan entouré d'un balustre d'argent, les yeux abaissés et les mains croisées sur l'estomac ; plus loin il voit les *Mansebdars* ou moindres *Omrahs*, qui sont encore tous debout dans la même posture et dans le même respect que les *Omrahs* ; et plus avant dans le reste de la salle et dans la cour, il voit cette grande foule de toute sorte de gens. Car c'est là que le roi, tous les jours sur le midi, donne audience générale à tout le monde, ce qui est

PAGE OPPOSÉE : AURANGZEB, UN DES PLUS CRUELS EMPEREURS DE LA DYNASTIE MOGHOLE. IL FIT RASER DES MILLIERS DE TEMPLES ET METTRE À MORT BEAUCOUP « D'INFIDÈLES ».

A
MAP
of
HINDOOSTAN,
or the
MOGUL EMPIRE:
From the latest Authorities.
Inscribed to
Sir JOSEPH BANKS Bart.
PRESIDENT of the ROYAL SOCIETY &c.
J. Rennell.
CABUL
LAHORE
MOULTAN
DELHI
AGIMERE
AGRA
OUDE
CUTCH
CANDEISH
BERAR
THIBET.
NAPAUL
BOOTAN.
ASSAM
MECKLEY
BURMAH
ARACAN or RECCAN
ORISSA
SIAM
DOWLATABAD
MYSORE
PIRATE COAST
LACCADIVE ISLANDS
MALDIVE ISLANDS
CEYLON
GULF of MANAAR
CIRCARS
BAY of BENGAL
PEGU
NICOBAR ISLANDS

cause qu'on a nommé cette grande salle *am-khas*, comme qui dirait lieu de l'audience et de l'assemblée commune à grands et petits.

Pendant une heure et demie ou environ que dure cette assemblée, le roi se divertit à voir passer devant soi un certain nombre des plus beaux chevaux de ses écuries, pur savoir s'ils sont bien traités et en bon état. Il fait de même d'un certain nombre d'éléphants qu'il faisait aussi passer devant soi. Leur sale et vilain corps est alors bien lavé et bien net, et peint en noir comme de l'encre, hormis qu'ils ont deux grosses raies de peinture rouge qui du haut de la tête leur descendent vers la trompe où elles se joignent. Ces éléphants ont aussi pour lors quelque belle couverture en broderie avec deux clochettes d'argent qui leur pendent des deux côtés, attachées aux deux bouts d'une grosse chaîne d'argent qui leur passe par-dessus le dos, de certaines queues de vache du Grand Tibet blanches et fort chères qui leur pendent aux oreilles comme de grandes moustaches ; et deux petits éléphants bien parés se tiennent à leurs côtés, comme s'ils étaient leurs esclaves et destinés pour les servir. Ces grands colosses, comme s'ils étaient glorieux de se voir ainsi magnifiquement ornés et accompagnés, marchent gravement, et lorsqu'ils sont arrivés devant le roi, le conducteur, qui est assis sur les épaules, avec un crochet de fer à la main, les pique, les talonne, leur parle et leur fait incliner un genou, lever la trompe en l'air et faire une espèce de hurlement que le peuple prend pour un taslim ou salut bien sensé.

Après les éléphants, on amène plusieurs gazelles apprivoisées qu'on fait battre les unes contre les autres, des *nilgaus*, ou bœufs gris, qui à mon avis sont une espèce d'élan, des rhinocéros, de ces grands buffles de Bengale avec leurs prodigieuses cornes à combattre le lion ou le tigre, des léopards ou panthères apprivoisés dont on se sert à la chasse des gazelles, de ces beaux chiens de chasse d'Uzbek de toutes sortes, chacun avec sa petite couverture rouge, et quantité d'oiseaux de proie de toutes espèces, dont les uns sont pour les perdrix, les autres pour les grues et les autres pour se jeter sur les lièvres et, à ce qu'on dit, sur les gazelles même, leur battant la tête et les aveuglant de leurs ailes et de leurs griffes. [...] »

PAGE OPPOSÉE : CARTE DE L'INDE SOUS LES MOGHOLS. CES ENVAHISSEURS MUSULMANS, QUI ÉTAIENT DE REMARQUABLES GUERRIERS, SE MONTRÈRENT PARTICULIÈREMENT INTOLÉRANTS VIS-À-VIS DE LEURS SUJETS HINDOUS.

MAURICE MAINDRON

Maurice Maindron (1857-1911) a beaucoup voyagé à travers le monde dans le dernier quart du XIXe siècle et particulièrement en Inde du Sud qu'il visita une dernière fois en 1901. Il consignait au jour le jour ses notes de voyage dans des lettres qu'il envoyait régulièrement en France et qui furent réunies en un ouvrage publié plus tard à Paris.

« Pondichéry, 29 mai 1901. La première précaution, pour qui veut voyager en Inde, est d'amasser une réserve de patience. Ici, le temps ne compte point. J'en ai repris l'expérience dès mon départ de Ceylan. Embarqués à huit heures du matin sur le *Dupleix*, des Messageries Maritimes, nous n'avons quitté le port de Colombo qu'à neuf heures du soir : les passagers ont attendu leur complet embarquement, puisqu'ils sont, comme celles-ci, des objets de trafic. Si la mer est mauvaise, le navire ne vaut guère mieux. Il a roulé et tangué sans relâche pendant deux jours et deux nuits. Puis, à Pondichéry, nous avons subi le traditionnel transbordement par chelingues. Seules, ces grosses barques sans quille sont capables d'affronter les trois rangs de brisants qui défendent l'accès de cette côte plate et sablonneuse, où les cocotiers abondent, uniformément déjetés par le vent du large.

Si peu variés que soient ces rivages, je ne les ai pas revus sans plaisir, tant on se sent porté à essayer de revivre le passé, de retrouver les témoins familiers de ses années de jeunesse. Voici encore au loin les maisons carrées, jaunes ou blanches, surmontées de terrasses, les allées de porches, les hautes colonnes en granit sculpté qui se dressent autour du monument de Dupleix. Voici le petit phare rond, en manière de tour, avec le pavillon qui pend le long de sa hampe, et la fontaine monumentale, de style jésuite, qui marque le milieu de la place du Gouvernement.

C'est bien toujours la petite ville qui dort sous le soleil brillant. À défaut d'autres signes, je la reconnaîtrais à sa plage déserte, à ses quais dégarnis, où quelques coolies faméliques poussent nonchalamment des trucs. Deux charrettes à bœufs dételées dressent leur timon au-dessus du parapet, où dort le bouvier. Tout, bêtes et gens, paraît figé dans la morne et insouciante apathie de ceux qui ont vu passer tant de maîtres sans avoir jamais changé. Non, rien n'est changé dans ce Pondichéry de jadis, rien sinon le « Pier », le grand appontement de fer qu'on a mis plus de vingt ans à construire et qui, enfin terminé, permet aux passagers, tant il s'avance au loin dans la mer, de débarquer à pied sec. C'est là un grand progrès, si j'ose dire, de ne plus subir ces insupportables secousses du ressac par lesquelles il fallait passer jadis avant que d'aborder la côte de Coromandel à dos d'homme.

Sur le Pier, j'aperçois tout d'abord une figure connue : Soupou, le vieux Soupou Krichnassamy, scribe retraité de l'ancienne Direction de l'Intérieur, et propriétaire de l'hôtel de Paris et de Londres, Soupou, qui m'hébergea jadis pendant ma turbulente jeunesse, est, depuis des mois, avisé par ses compatriotes bureaucrates de ma prochaine arrivée dans l'Inde. Aujourd'hui, à l'entendre, la Providence m'a spécialement envoyé ici pour ramener la fortune dans sa maison... « C'est comme si, Monsieur, je retrouvais mon père ! » Dans la bouche d'un Hindou, pareilles figures de rhétorique ne sont pas pour étonner. L'exagération manifeste y est prise pour réalité. Ce serait manquer à la plus élémentaire politesse que de s'abstenir de compliments ronflants.

MAURICE MAINDRON (1857-1911) AIMAIT BEAUCOUP L'INDE DU SUD, QU'IL VISITA UNE DERNIÈRE FOIS EN 1901. IL CONSIGNAIT AU JOUR LE JOUR SES NOTES DE VOYAGE DANS DES LETTRES QU'IL ENVOYAIT RÉGULIÈREMENT EN FRANCE ET QUI FURENT RÉUNIES EN UN OUVRAGE – *DANS L'INDE DU SUD* - PUBLIÉ PLUS TARD A PARIS.
PAGE OPPOSÉE : JAQUETTE DU LIVRE.

Quand on se revoit après vingt années d'absence, il est rare qu'on ne se trouve pas un peu changé. Mais Soupou est un mondain : il ne m'a donc point parlé du passé. Lui n'a pas changé. C'est toujours le même petit homme basané, de manières affables, vêtu et coiffé de fin coton blanc. Beaucoup doivent lui envier la savante et parfaite symétrie qui préside aux plis de ses pagnes. La mousseline de son turban est soixante-dix fois repliée, au tour, au fer, pour enserrer jusqu'à mi-hauteur le crâne, lui conférant le caractère de ce bonnet à l'antique. En vérité, c'est bien le Soupou des anciens jours.

Il m'a entraîné vers son hôtel qui, suivant la fortune de notre colonie indienne, est entré en pleine décadence. Et cette décadence est allée s'accentuant depuis que le trafic par navires à voiles, entre les Mascareignes et la côte de Coromandel, est tombé à rien, tué par le *cargo-boat* anglais. Le délabrement de l'hôtel de Paris et de Londres s'explique par le manque de clients. Ce n'est pas la concurrence qui l'a tué, c'est la stagnation des affaires. Les capitaines au long cours composaient le plus clair de sa clientèle. Chargé par les vœux de Soupou Krichnassamy de ramener la fortune dans l'hôtel de Paris et de Londres, j'y ai ramené, au moins, la pratique du balayage, et aussi celle des moustiquaires qui ne soient point percées de trous à y passer un corps. Seul habitant du lieu, j'y commande despotiquement à une demi-douzaine de fainéants chargés de fonctions diverses. Ceux-là sont sous la coupe de mon « pion », Cheik Iman, qui est ici mon interprète et mon intendant.

Un pion, vous le savez, est une sorte d'huissier à chaîne que le Gouvernement entretient pour le service des fonctionnaires. Le Gouverneur de nos Établissements français dans l'Inde, M. Rodier, m'a obligeamment donné un de ces pions. Cheik Iman a dernièrement accompagné Pierre Loti ; il en reste fier. C'est un homme de confiance, probe, attentif, d'aspect sévère, de port majestueux, dont la barbe noire, en éventail, recouvre la poitrine aux trois-quarts. Il a des chausses et un turban pourprés, striés d'or, une tunique blanche, et un baudrier rouge en sautoir, où brille la plaque de cuivre gravée indiquant son état officiel. De celui-ci, le premier devoir est d'écarter les fâcheux. Cheik Iman se tient donc en permanence à la porte extérieure. Il ne laisse pénétrer que les gens dont la mine lui revient et dont les intentions lui semblent pures. Il est l'incor-ruptible gardien. Par lui, je suis séparé du monde, tout comme le Grand Mogol qui ne voyait que par les yeux de ses ministres. La chaleur, déjà intolérable, me confine au fond de mon apparte-ment pendant la plus grande partie du jour. N'arrive jusqu'à moi qui a su plaire à Cheik Iman. Je ne vois donc personne. Car Soupou, depuis que la fortune a réélu domicile, sous mes espèces, dans l'hôtel, ne paraît plus, de peur, sans doute, de la faire s'envoler… »

CHARGÉ OFFICIELLEMENT PAR L'ACADÉMIE FRANÇAISE D'ALLER REMETTRE EN MAINS PROPRES, À TRIVANDRUM, LA CROIX DE CHEVALIER DANS L'ORDRE DES PALMES ACADÉMIQUES AU MAHARADJAH DE TRAVANCORE, ET OFFICIEUSEMENT PAR LE MINISTRE DELCASSÉ D'UNE MISSION DIPLOMATIQUE, LOTI EN PROFITE POUR SÉJOURNER QUATRE MOIS EN INDE, DURANT L'HIVER 1899-1900.

CHECK AMADEUS
CELESTIN . ANNA
DEIVASSAGAYAME
BALICOUR
FRANCISQVE .
FRANÇOIS - MARIE .
CLOVIS FRANCISQVE
DE BLAINVILLE .
EMILE
CANNAPANE
FAIFE MARIE ANTOINE FRANÇOIS JOSEPH
FRANCISQVE .
PERIANAYAGAME .
GAILLA
LAZARE .
KERJEAN MARIE FRANÇOIS RENE
LE BEAV AJAGA
BIENAIME .
LOVIS GVSTAVE
EVGENE .
RAZACANNOV
NADIN ,
NANAMANICAM .
PHAVRE GILBERT JEAN
JOSEPH
SAND
NADIN .
1939 - 1945

L'intégration des comptoirs français

Les Anglais quittèrent l'Inde en 1947 ; les Hollandais étant déjà partis depuis longtemps, seuls la France et le Portugal s'accrochaient à leurs petits territoires. Cependant, dès 1947, Ramadier, président du Conseil, envoya Maurice Schumann à Delhi pour y rencontrer Gandhi, puis Nehru. D'une certaine façon, son voyage fut un succès : le gouvernement indien n'utilisa pas la force pour intégrer immédiatement les comptoirs français.

Ce n'est que le 7 octobre 1954 que les négociateurs indiens et français à Delhi aboutirent à un accord officieux sur le transfert des établissements français à l'Inde. Il fut décidé d'organiser une convention de tous les élus de l'Inde française (élus municipaux et de l'Assemblée représentative) pour régler la question de la cession des comptoirs à l'Inde. C'était une nécessité légale de la Constitution française. Le 12 octobre, les négociateurs parvinrent à une décision qui fixait les étapes menant à la cession.

Le 18 octobre 1954, dans un hangar rapidement érigé à Pondichéry, les quelque 181 représentants du peuple de ces comptoirs se réunirent et votèrent à une écrasante majorité en faveur du rattachement à l'Union indienne (170 pour et 8 contre). Le plus drôle était que le hangar où l'élection eut lieu était situé pour moitié sur le territoire français et sur le sol indien, afin de permettre à ceux qui avaient choisi l'Inde de ne pas tomber sous le coup d'un mandat d'arrêt français lorsqu'ils viendraient voter ; ils étaient soit patriotes, soit transfuges, selon que l'on voyait les événements du côté indien ou du côté français. Ce jour-là, on en finit rapidement avec ce qui restait des « Indes françaises ».

PAGE OPPOSÉE : JEAN-PIERRE, UN CONDUCTEUR DE RICKSHAW, QUI OBTINT SON BEPC EN 1977 AU LYCÉE FRANÇAIS, DEVANT LE MONUMENT AUX MORTS DE LA PREMIÈRE GUERRE MONDIALE À PONDICHÉRY.

LA GAZETTE  DE L'ÉTAT

DE

PONDICHÉRY, KARIKAL, MAHÉ ET YANAON

EXTRAORDINAIRE

PUBLIÉE PAR AUTORITÉ

N° 1er — PONDICHÉRY, LE LUNDI 1er NOVEMBRE 1954

AVIS.

Les messages du Président de la République et du Premier Ministre de l'Inde, lus à l'occasion du tranfert de facto des Etablissements français dans l'Inde au gouvernement indien, le 1er novembre 1954, sont ci-dessous publiés, à titre d'information générale.

MESSAGE DE MONSIEUR LE PRÉSIDENT

Au nom du peuple de l'Inde, je vous souhaite de tout cœur la bienvenue en cette grande occasion. Le transfert d'administration du Gouvernement Français aux mains de l'Inde aujourd'hui, marque une date importante dans l'histoire, si pleine de vicissitudes, des Etablissements français dans l'Inde. Vraiment, c'est une grande joie que le désir depuis si longtemps caressé de la population des Etablissements français d'être libre et réunie à la Mère-Patrie ait pu aboutir grâce à nos initiatives amicales et à la politique clairvoyante de la France — cette grande nation dont les principes directeurs de " Liberté, Egalité et Fraternité " ont guidé comme un phare toutes les démocraties du monde. L'esprit dans lequel les négociations amicales ont été conduites, servirait, j'espère, d'exemple brillant aux autres nations confrontés à des problèmes similaires de Colonialisme devenu aujourd'hui un anachronisme. Malgré ce transfert, je suis certain que Pondichéry demeurera un centre de culture française et les peuples des Etablissements français seront, dès aujourd'hui, non seulement libres mais aussi des associés égaux dans l'effort commun vers le progrès et la prospérité de l'Inde, leur Mère-Patrie. Je vous souhaite donc Bonne Chance. JAI HIND.

MESSAGE DU PREMIER MINISTRE

Je suis loin des Indes en ce jour mais ma pensée est à Pondichéry où un évènement d'une grande portée se déroule aujourd'hui. Une partie de l'Inde longtemps séparée de la Mère-Patrie s'intègre à nous de son propre choix et ce changement prend place à la suite d'un accord amical avec la France. Les Etablissements français dans l'Inde quoique d'une faible étendue ont posé des problèmes difficiles. Il n'est jamais facile de résoudre des problèmes qui mettent en cause les intérêts et le prestige de différentes nations. C'est donc une cause de satisfaction particulière que l'Inde et la France aient pu réussir à résoudre cette question avec élégance et bonne volonté. En agissant ainsi, elles ont donné un exemple de tolérance, de bon sens et de sagesse. Appliquées aux autres problèmes du monde, ces méthodes peuvent conduire à d'heureux résultats.

GOUVERNEMENT DE L'INDE FRANÇAISE
LE GOUVERNEUR
COMMISSAIRE DE LA RÉPUBLIQUE

Pondichéry, le 26 janvier 48

Cher Pandit Nehru

Je prends la liberté de vous écrire pour vous communiquer les copies de lettres échangées entre M. Rajkumar et moi-même, ainsi qu'un projet d'organisation culturelle proposé par le professeur Kunhan Raja de Madras.

Je reçois à l'instant une convocation de mon gouvernement pour me rendre à Paris.

Je suis sûr que le problème de nos établissements dans l'Inde sera reglé de la façon la plus cordiale car ce qui importe avant tout, c'est la grande, sincère et profonde amitié à confirmer entre nos deux pays.

Rien ne doit nous séparer car, dans ce monde déchiré, nous avons tout à gagner l'un avec l'autre. C'est ce que j'ai tenté d'exprimer dans un discours dont je vous envoie aussi le texte sous ce pli.

Je vous demande de m'excuser de vous écrire en français et je vous demande surtout de croire à l'affectueuse sincérité de mon amitié pour l'Inde et pour vous à mon admiration respectueuse.

Baron

ADRESSE PRESENTEE A
MONSIEUR TAILLEUR,
LE DERNIER ADMINISTRATEUR FRANCAIS
ET A
MADAME TAILLEUR,
A LA VEILLE DU
Transfert de Chandernagor

Madame, Monsieur,

Vous êtes les derniers représentants de cette grande nation, venue de l'Europe, foyer de la civilisation moderne, nation qui avait établi, durant des siècles, ses traditions à la partie orientale de l'Inde, centre de toutes les cultures. Au moment de la séparation, à l'heure présente, nous vous présentons nos sincères sentiments d'affection et de respect.

Madame, Monsieur, depuis votre arrivée ici, vous avez toujours eu une remarquable sympathie pour nos espoirs et aspirations et, par là, vous avez toujours cherché à lier votre patrie à la nôtre par un lien nouveau. Dans l'histoire séculaire de nos deux nations, l'une moderne, l'autre antique, commence à partir de ce jour, un nouveau chapitre qui ne sera plus désormais pollué par les amères et empoisonnantes relations d'administré et d'administrateur, qui chaque jour s'embellira par les douces relations amicales entre nos deux nations amies.

Madame, Monsieur, permettez-moi de vous souhaiter longue vie, bonne santé. Et je vous prie de transmettre à la France mes vœux de paix et de prospérité.

Vive l'Inde.
Vive Chandernagor
Bondé Mataram.

Le Président du Conseil d'Administration
et l'Assemblée Municipale
Debendranath Dache
1. 5. 50.

LA GAZETTE DE L'ÉTAT, TOUJOURS PUBLIÉE EN FRANÇAIS PAR LE GOUVERNEMENT INDIEN.
CE N'EST QUE LE 7 OCTOBRE 1954 QUE LES NÉGOCIATEURS INDIENS ET FRANÇAIS À DELHI ABOUTIRENT À UN ACCORD OFFICIEUX SUR LE TRANSFERT DES ETABLISSEMENTS FRANÇAIS À L'INDE.

« La culture française a trop longtemps rayonné dans nos territoires pour que nous n'entendions pas conserver et sauvegarder ce trésor dans l'éternité des temps » : tels furent les derniers mots du président de la séance. Le 31 octobre, les Français partaient définitivement de Pondichéry. Une immense manifestation eut lieu quelques jours plus tard pour célébrer ce grand jour…

NEHRU, LE PREMIER CHEF D'ÉTAT DE L'INDE INDÉPENDANTE, PASSE EN REVUE UN BATAILLON DE POLICIERS PONDICHÉRIENS, QUI ARBORENT TOUJOURS LE KÉPI FRANÇAIS.

La France en Inde, aujourd'hui

PONDICHÉRY

La population de Pondichéry a littéralement explosé : de 100 000 personnes en 1970, elle est passée à environ 400 000 âmes en 1990 et à près d'un million aujourd'hui. Le territoire de Pondichéry, qui s'étend sur 290 km², constitue une sorte d'enclave dans l'État du Tamil Nadu qui témoigne de l'ancienne présence française. Cependant, le français n'est actuellement parlé que par une minorité de la population, à peine 4 % ; la langue majoritaire est le tamoul, représentant 92 % des langues pratiquées. La religion hindoue domine le territoire de Pondichéry, rassemblant près de 92 % de croyants en milieu rural et 70 % en milieu urbain ; la ville de Pondichéry compte trente-deux temples hindous, dont vingt sont dédiés au dieu Shiva. La religion chrétienne représente, elle, près de 10 % des croyants.

Parallèlement, la physionomie de Pondichéry a énormément changé. Jusqu'à la fin des années 1980, on ne dénombrait que quelques voitures, généralement des taxis (de la marque rétro Ambassador) et la plupart des habitants se déplaçaient à pied ou à vélo. De nombreuses résidences possédaient encore leurs jardins intérieurs ou extérieurs et Pondichéry était une ville calme qui perpétuait son caractère provincial. Mais aujourd'hui, à l'intérieur de la ceinture des boulevards, les jardins disparaissent un à un, toutes les maisons de plain-pied sont rehaussées d'un étage, tandis qu'à la périphérie, des faubourgs se créent à la place des rizières, des cocoteraies et des étangs. Dans les années 1970 naissent des agglomérations de banlieue, que l'on appelle *nagar*, sorte de faubourgs qui émergent sans réels plans d'aménagement, tels des

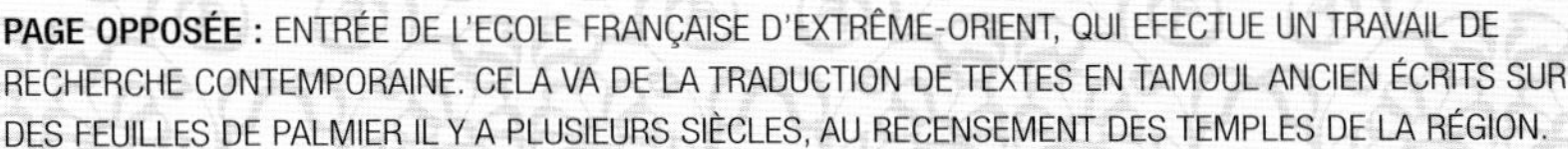

PAGE OPPOSÉE : ENTRÉE DE L'ECOLE FRANÇAISE D'EXTRÊME-ORIENT, QUI EFECTUE UN TRAVAIL DE RECHERCHE CONTEMPORAINE. CELA VA DE LA TRADUCTION DE TEXTES EN TAMOUL ANCIEN ÉCRITS SUR DES FEUILLES DE PALMIER IL Y A PLUSIEURS SIÈCLES, AU RECENSEMENT DES TEMPLES DE LA RÉGION.

CI-DESSUS : VITRAIL DE L'ÉGLISE DU SACRÉ-CŒUR DE JÉSUS DE PONDICHÉRY.
CI-DESSOUS : DÉTAIL DE VITRAIL DE L'ÉGLISE DU SACRÉ-CŒUR DE JÉSUS DE PONDICHÉRY.
PAGE OPPOSÉE : L'AUTEL DE L'ÉGLISE NOTRE-DAME DES ANGES DE PONDICHÉRY.

champignons : une centaine de ces *nagars* ont été enregistrés entre 1988 et 2006. Pondichéry s'est alors jeté à corps perdu dans le développement, créant, entre autres, des conditions extrêmement favorables pour les industries. C'est ainsi que de nouvelles entreprises surgissent chaque jour et que la ville devient malheureusement de plus en plus encombrée et polluée. Il n'y a qu'à voir les grosses usines comme celle des produits chimiques à Kalapet, ou encore les centaines de P.M.E. dans les domaines de l'électronique, du cuir, des instruments de précision, etc., déversant leurs déchets sans relâche.

Du côté littoral, le visage de la ville change également : un port de pêche s'est créé et le gouvernement de Pondichéry projette même d'en creuser un autre, près du nouveau phare à Uppalam, ce qui inquiète les

CI-DESSUS : DÉTAIL DU MONUMENT AUX MORTS DE PONDICHÉRY. DE NOMBREUX SOLDATS FRANCO-INDIENS TROUVÈRENT LA MORT PENDANT LA PREMIÈRE GUERRE MONDIALE.
À DROITE : LE BALCON DE L'ASHRAM DE SRI AUROBINDO, OÙ LA MÈRE (MIRA ALFASSA) APPARAISSAIT TOUS LES MATINS DEVANT SES DISCIPLES.

écologistes locaux car la digue construite va générer un contre-courant qui emportera le sable et le déposera plus au nord et quand la mer montera, elle submergera les plages d'Auroville.

Le gouvernement de Pondichéry a, de plus, lancé une campagne de publicité pour faire de ce territoire le « nouveau Goa » (ancienne capitale de l'empire portugais des Indes, qui devint après l'indépendance un petit paradis pour les hippies en quête d'exotisme et aujourd'hui pour les touristes branchés et fortunés). Mais le résultat n'est pas des plus probants : le Tamil Nadu reste indien et ne tient pas à se distinguer du caractère national, prôné si fort en Inde. La langue française, qui y était parlée assez

PONDICHÉRY VU DU LARGE. REMARQUEZ QUE L'ÉROSION A MANGÉ LA TRÈS BELLE PLAGE DE PONDICHÉRY QUI EXISTAIT IL Y A TRENTE ANS ET QUE LE GOUVERNEMENT A DÛ METTRE DES ROCHERS POUR TENTER D'ARRÊTER LA MARCHE DE LA MER.

CI-DESSUS : LA VIEILLE AMBASSADOR, SYMBOLE DE L'ÉTATISME INDIEN, QUE MALHEUREUSEMENT ON TROUVE TOUJOURS SUR LES ROUTES.
À DROITE : UNE DES NOMBREUSES « TRACTION AVANT » CITROËN, SYMBOLE DES BEAUX JOURS DE PONDICHÉRY.

couramment il y a trente ans, a pratiquement disparu et de nombreuses belles maisons pondichériennes ont été rasées ces dernières années par des promoteurs sans scrupules (dont le très beau bâtiment qui abritait la State Bank dans les années 1960), sans que le gouvernement indien ne s'en préoccupe. Par ailleurs, comme on a vite fait le tour de Pondichéry et qu'il n'y a plus de plages dans la ville elle-même, on y vient pour boire ou pour aller regarder les filles sur la plage la plus connue d'Auroville, ce qui n'attire pas toujours les visiteurs les plus désirés. Enfin, pour tracer la grande route de Madras à Pondichéry, la East Coast Road, on a abattu des centaines de tamariniers et des banians centenaires ou bicentenaires qui avaient été plantés par les colons, et avec eux a disparu un mode de vie paisible et ancestral qui régnait dans les villages bordant la route. Cependant, plusieurs institutions pondichériennes tentent d'endiguer ce lent

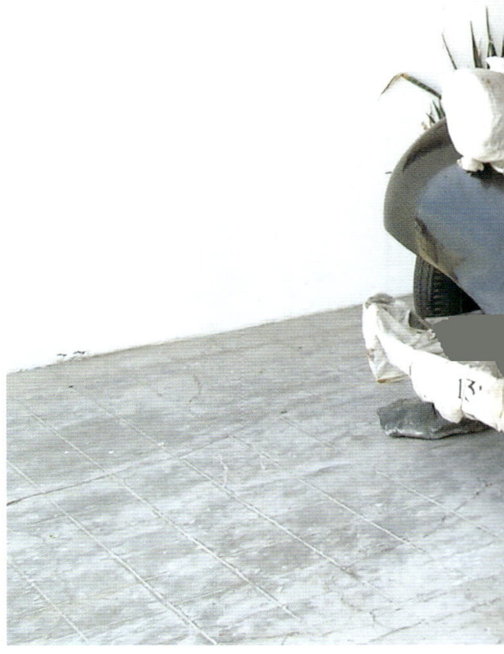

VUE DES TOITS DE PONDICHÉRY. NOTEZ L'ASPECT CUBIQUE ET UTILITAIRE DES NOUVELLES MAISONS QUI ONT REMPLACÉ LES ANCIENNES ET NOBLES DEMEURES RASÉES PAR DE CUPIDES PROMOTEURS.

À GAUCHE : PROMENEURS UN DIMANCHE SOIR SUR LE COURS CHABROL, AUJOURD'HUI DEVENU AVENUE GOUBERT.

CI-DESSUS : LA STATUE DE L'INÉVITABLE MAHATMA GANDHI, LE « PÈRE » DE L'INDÉPENDANCE INDIENNE. EN FAIT DE NOMBREUX LEADERS NATIONALISTES, TELS SRI AUROBINDO OU TILAK,DEMANDÈRENT LE DÉPART DES ANGLAIS LONGTEMPS AVANT LUI.

effritement de la présence française à Pondichéry, soit indirectement de par leur seule présence, soit directement par des actions de valorisation culturelle.

SRI AUROBINDO

Sri Aubobindo (1872-1950) est un philosophe, un révolutionnaire et un yogi indien qui fonda en 1906 l'immense ashram de Pondichéry qui englobe toute la ville. Cet ashram a loué, acheté et fidèlement entretenu la majorité des belles demeures de Pondichéry qui ont survécu. En outre, Sri Aurobindo était un francophile qui lisait dans le texte nos grands poètes et écrivains.

Aravinda Akroyd Ghose est né à Calcutta le 15 août 1872. Son père, un médecin anglophile de l'administration coloniale, désirait que ses fils rejoignent l'*Indian Civil Service*, la plus haute position sociale en Inde sous l'Empire de la reine Victoria. Aussi

À GAUCHE : DÉTAIL D'UNE MAISON PONDICHÉRIENNE. DANS LE TEMPS LES PILIERS DES TERRASSES FAISAIENT L'OBJET DE NOMBREUSES FRESQUES.

CI-DESSUS : SRI AUROBINDO, RÉVOLUTIONNAIRE, POÈTE, PHILOSOPHE ET YOGI INDIEN (1872-1950), QUI ÉTABLIT L'ASHRAM DE PONDICHÉRY.

envoya-t-il le jeune Aravinda âgé de sept ans, accompagné de ses frères, dans la cité industrielle de Manchester pour recevoir les éléments d'éducation requis pour prétendre à l'I.C.S. Aravinda était un garçon brillant qui put, grâce à une bourse, rejoindre le *King's College* de l'université de Cambridge. Dans cette prestigieuse institution, il étudia le curriculum classique tout en se préparant aux examens périodiques de l'I.C.S. Il excella dans les deux, remportant des prix pour ses vers iambiques grecs et ses hexamètres latins et se distinguant durant les évaluations universitaires par sa parfaite maîtrise des Classiques. Ainsi naquit sa réputation d'érudit qu'il gardera jusqu'à la fin de sa vie. Certains de ses essais sur la Grèce (comme celui sur Héraclite et son poème épique inachevé, *Ilion*, écrit en hexamètres) restent des sommets dans leur genre. Aravinda étudiait aussi le français, dont il avait une connaissance approfondie, et apprit par lui-même l'allemand et l'italien afin de pouvoir lire Goethe et Dante dans leurs versions originales.

De retour en Inde, il devint le secrétaire personnel du maharaja de Baroda dont il écrivait les discours, tout en étant lecteur de français et professeur d'anglais au Collège de Baroda. À cette époque, néanmoins, il était déjà engagé dans des activités révolutionnaires. Son premier acte de défi à l'égard des autorités coloniales, six mois seulement après son arrivée en Inde, fut une

DÉTAIL DE L'EGLISE NOTRE-DAME DES ANGES DE PONDICHÉRY, OÙ LES RETRAITÉS JOUENT À LA PÉTANQUE LE SOIR.
PAGE OPPOSÉE EN HAUT : GANDHI ET MARIANNE FONT BON MÉNAGE AU SEIN DU SIÈGE GOUVERNEMENTAL DE KARIKAL.
PAGE OPPOSÉE EN BAS : FRESQUE NAPOLÉONIENNE DANS UNE RUE DE PONDICHÉRY !

série d'articles cinglants dans le journal *Hindu Prakash*. Il faut dire que la seule voix de la politique indienne était le parti du Congrès national indien – un parti honteusement modéré selon Aurobindo – mendiant quelques concessions au lieu d'exiger des changements effectifs. L'idée d'une indépendance et d'une liberté radicale pour l'Inde était alors perçue comme « chimérique ». Aurobindo sera le premier à la formuler et à la revendiquer explicitement et inconditionnellement. Il s'impliqua davantage dans l'activité révolutionnaire avec son jeune frère Barin, qui dirigeait un groupe de nationalistes extrémistes. Les Britanniques, longtemps méprisants à l'égard des velléités révolutionnaires du peuple bengali, se livrèrent à une sévère répression. La première personne qu'ils arrêtèrent fut Aurobindo. Incarcéré à la prison d'Alipore, dans les faubourgs de Calcutta, il y restera exactement un an, le temps de son procès. Il fut déclaré non coupable pour insuffisance de preuves. Mais les autorités britanniques le savaient instigateur, « L'homme le plus dangereux de l'Inde », selon les termes du

UNE AFFICHE DE L'ALLIANCE FRANÇAISE DE PONDICHÉRY, QUI A FAIT DE GROS EFFORTS POUR MAINTENIR LA FRANCOPHONIE EN INDE.
À DROITE : LE TOURISME EST MAINTENANT LA PRINCIPALE INDUSTRIE DE PONDICHÉRY QUI EST UN MUST POUR LES TOURS OPÉRATEURS DE L'INDE DU SUD.

lieutenant-gouverneur du Bengale, et elles restaient aux aguets, prêtes à saisir la moindre occasion pour s'emparer de lui.

Contre toute attente, le séjour d'Aurobindo dans sa cellule d'Alipore lui permit d'entamer un nouveau départ dans sa vie. Quelques mois avant son arrestation, alors qu'il recherchait par le yoga les moyens d'accroître le pouvoir de son action révolutionnaire, il obtint de manière inattendue l'une des plus grandes réalisations spirituelles, celle du brahmane silencieux[6]. Dans sa cellule, il méditait constamment sur la *Bhagavad Gîta* et les *Upanishads*, cherchant à mettre en pratique l'enseignement de ces textes fondamentaux. Il y parvint au-delà de ses espérances et l'Aurobindo qui était entré à Alipore en sortit comme *Sri Aurobindo* (le terme *Sri* correspondant à une marque de respect devant un nom propre). Se soumettant

inconditionnellement à la voix qui parlait dans son cœur, il quitta d'abord Calcutta pour Chandernagor et peu après s'embarqua incognito pour Pondichéry ; c'est là qu'il s'installera jusqu'à sa mort en 1950, là encore que Mira Alfassa, connue sous le nom de la Mère, le rejoindra en 1920, là enfin qu'il écrira la plupart de ses œuvres dans la revue *Arya*[7], œuvres qui restent encore à découvrir pour les lecteurs français.

MIRA ALFASSA, OU LA MÈRE

Si la langue française continue d'être parlée à Pondichéry, c'est principalement grâce à la Mère. En effet, elle décréta dès 1950 que le français serait utilisé au jardin d'enfants de l'ashram Sri Aurobindo, ainsi que dans l'enseignement des sciences et des mathématiques jusqu'à la « matriculation », l'équivalent du baccalauréat. Ainsi, depuis plus de cinquante ans, l'ashram a produit des

© Institut Français de Pondichéry/Ecole Française d'Extrême-Orient

VUE RÉCENTE DU COURS CHABROL, OU AVENUE GOUBERT, OÙ DÉAMBULENT TOUS LES SOIRS DES MILLIERS DE PONDICHÉRIENS.
CI-DESSUS : LA MÈRE, NÉE MIRA ALFASSA (1878-1973), COMPAGNE DE SRI AUROBINDO, QUI PLUS QUE QUICONQUE, PERPÉTUA LA FRANCOPHONIE À PONDICHÉRY.

générations de jeunes étudiants indiens qui parlent couramment le français. Par ailleurs, Pondichéry doit également à la Mère son aspect propre et moderne. Au début du XXe siècle, la ville était un endroit délabré et comme à l'écart de tout. Selon la description de K.R. Srinivasa Iyengar, un écrivain de cette époque, « c'était une ville morte [...] comme une décharge de l'océan, une mare stagnante en bordure du rivage [...] apparentée à un cimetière [...] infestée de revenants et de gobelins. » Mais en 1926, la Mère prit en main l'ashram de Sri Aurobindo et toute la destinée de Pondichéry s'en trouva changée.

Mira Alfassa est née à Paris le 21 février 1878, d'un père banquier turc et d'une mère égyptienne. Mira menait une double vie. Dès sa plus tendre enfance, elle eut de nombreuses expériences que l'on qualifierait d'occultes, psychiques, spirituelles, mystiques ou paranormales. Néanmoins, ses parents étaient des matérialistes positivistes « à tous crins » et son frère étudiait à l'École polytechnique, bastion de la science positive ; lorsque Mira s'aventurait à mentionner les perspectives de sa vie intérieure, sa mère, suspectant quelque désordre mental, l'emmenait tout droit chez le médecin. Elle avait soif d'une connaissance absolue : « Savoir, savoir ! Je ne savais rien, rien que les choses de la vie ordinaire, la connaissance extérieure. Rien ne m'expliquait rien. Je ne pouvais rien comprendre ! », dira-t-elle plus tard. Puis un jour – elle avait vingt ou vingt et un ans –, elle rencontra un Indien qui lui donna une traduction française et une initiation de la *Bhagavad Gîta*. Il s'agissait de Jnanendranath Chakravarty, professeur de mathématiques et plus tard vice-chancelier de l'université de Lucknow et membre actif de la Société théosophique, très influente à l'époque. « Il m'a dit : "Lisez la Gîta et prenez Krishna comme le symbole du Dieu immanent, du Dieu intérieur" [...]. La première fois que j'ai su qu'il y avait une découverte à faire au-dedans de moi, eh bien, c'était la chose qui était LA PLUS IMPORTANTE. Il fallait que ça passe avant tout [...]. Je me suis précipitée comme un... comme un cyclone, et rien n'aurait pu m'arrêter. »

Mira se maria en 1911 avec Paul Richard, socialiste, pasteur, franc-maçon, avocat, journaliste, écrivain et homme politique, qui s'intéressait lui aussi à l'occultisme. À cette date, Richard s'était déjà rendu à Pondichéry pour soutenir un candidat local à la députation. Sa première requête, en abordant le rivage indien, avait été de rencontrer un yogi. Richard eut ainsi de longues conversations avec Sri Aurobindo et, impressionné par son érudition, l'acuité de sa pensée philosophique et la profondeur de sa vision, en avait parlé à sa femme dès son retour. Richard voulait à tout prix revenir à Pondichéry. L'occasion se présenta avec les

CI-DESSUS : AUROVILLE FUT FONDÉE EN 1968, LORSQUE DES REPRÉSENTANTS DE 144 PAYS DÉPOSÈRENT UNE POIGNÉE DE TERRE DANS CETTE URNE.
PAGE OPPOSÉE : DES ENFANTS D'AUROVILLE, QUI VIENNENT DE TOUS LES PAYS DU MONDE ET DONT LES PARENTS S'ESSAYENT À L'UNITÉ HUMAINE, TÂCHE DIFFICILE S'IL EN EST.

élections législatives de 1914 ; mais cette fois-ci, il avait l'intention de faire campagne pour lui-même et avait besoin de Mira à ses côtés. Après un voyage de trois semaines, les Richard arrivèrent dans la colonie française le 29 mars 1914. Paul rendit visite immédiatement à Sri Aurobindo et Mira le rencontra plus tard, seule, car elle voulait que rien n'interfère dans la perception de cet homme inhabituel. « J'ai monté les escaliers et il m'attendait debout, en haut des marches [...] Il a tourné la tête vers moi, et j'ai vu dans ses yeux que c'était Lui. » Le reste de sa vie sera consacré à l'élaboration, avec Sri Aurobindo, du programme d'inspiration spirituelle qui avait pris forme en elle durant les dernières années passées à Paris et qui correspondait point par point avec celui du yogi.

AUROVILLE

Auroville, dont le nom s'inspire de Sri Aurobindo, est une cité internationale située à 7 km au nord de Pondichéry, fondée par la Mère en 1968 ; plus de mille personnes de vingt-cinq nationalités différentes s'essaient à l'unité humaine, tâche ardue s'il en est. Quoi qu'il en soit, les Aurovilliens ont contribué à l'embellissement de Pondichéry et ont prouvé que la régénération de la nature, même en Inde, pouvait être extrêmement rapide en y mettant de la bonne volonté. Quand les premiers pionniers débarquèrent, Auroville n'était qu'un plateau de latérite, cette terre rouge sur laquelle rien ne pousse, pas même les arbres hormis quelques palmiers. Or les archives des temples parlaient d'une épaisse forêt peuplée d'animaux sauvages qui couvrait le plateau, il y a deux cent cinquante ans. La déforestation arbitraire et les ravages de violentes moussons avaient fait leur travail : au fil du temps, la pluie avait emporté la bonne terre, la déversant dans l'océan Indien et créant d'immenses canyons. Les premiers Aurovilliens commencèrent donc par empêcher l'eau de mousson de s'écouler vers la mer en érigeant des barrières de terre un peu partout, ce qui eut pour résultat de reconstituer la nappe phréatique. Puis ils s'empressèrent de planter un million d'arbres, en les protégeant des sempiternelles chèvres et vaches, qui sont des animaux redoutables pour l'écologie indienne. Quand ces arbres se mirent à pousser, leurs feuilles tombèrent et se décomposèrent, recréant en quelques saisons un humus fertile, indispensable à l'apparition d'autres espèces végétales. Aujourd'hui, Auroville est redevenue une vaste forêt, la vie animale revient, les canyons se comblent peu à peu et les villageois ont tellement de bois à brûler qu'ils n'ont plus à couper d'arbres. Cependant, ces mêmes villageois continuent à cultiver l'arbre de cajou, que l'on doit pulvériser maintes fois de pesticides mortels ; ils continuent à laisser l'eau de pluie se déverser vers la mer et à composter leurs champs avec des matières premières bon marché achetées aux dépotoirs municipaux, chargées de

LE MATRIMANDIR, OU SANCTUAIRE DE LA MÈRE, UN MERVEILLEUX MONUMENT À L'UNITÉ HUMAINE AU CŒUR DE L'ASHRAM.

UNE AUTRE VUE DU MATRIMANDIR QUI SE SITUE AU CENTRE D'AUROVILLE.

LE BHARTI PARK, LE PARC DE PONDICHÉRY, QUI FUT DESSINÉ PAR UN FRANÇAIS, PHILIPPE DE SAINT-HILAIRE, OU PAVITRA, DE SON NOM INDIEN, UN GRAND DISCIPLE DE SRI AUROBINDO.
CI-DESSUS À DROITE : PLAQUE COMMÉMORANT LA CONSTRUCTION DU FORT LOUIS PAR FRANÇOIS MARTIN.

plastiques, de détritus d'hôpitaux et de piles usagées. Il faut sans cesse informer et éduquer les villageois, leur inculquer la valeur sacrée de leur terre, car sans cette terre, la merveille qu'est l'Inde ne sera plus qu'une grande âme désincarnée, incapable de manifester sa beauté.

Et puis on ne peut pas parler d'Auroville sans évoquer, bien sûr, le Matrimandir. La Mère avait conçu ce bâtiment – ce monument, faudrait-il plutôt dire – comme le cœur d'Auroville, son centre spirituel. Il incarnerait l'aspiration des hommes à l'unité humaine, avait-elle décrété. L'architecte français Roger Anger a alors dessiné une énorme sphère qui abrite une pièce à douze piliers, à l'intérieur de laquelle on trouve une boule de cristal qui reçoit à tout moment de la journée un rayon de soleil, grâce à un miroir informatisé ! La construction, qui vient de se terminer, est belle comme une pyramide du XXIe siècle, comme une offrande de l'homme moderne aux forces anciennes de la terre et du ciel. Mais ce fut une tâche gigantesque, un travail surhumain. Au début des années 1970, les Aurovilliens eux-mêmes se rendaient tous les matins au centre de la

L'INTACH (INDIAN NATIONAL TRUST FOR ART AND CULTURAL HERITAGE), EST UNE ORGANISATION NATIONALE INDIENNE QUI SE CONSACRE À LA CONSERVATION ET À LA MISE EN VALEUR DU PATRIMOINE DE L'INDE. À PONDICHÉRY, L'INTACH A SAUVÉ PLUSIEURS BELLES MAISONS ANCIENNES.

ville, près d'un banian centenaire, pour creuser l'immense trou qui allait accueillir la moitié inférieure de la boule géante. Sur les photographies de l'époque, on aperçoit ces colons en cache-sexe qui travaillent coude à coude avec des ouvriers tamouls, dans la même tenue. Des coolies blancs et des coolies noirs : on aurait souhaité que cela dure ! Aujourd'hui, le Matrimandir est la principale attraction de Pondichéry et se trouve sur tous les guides touristiques, ce qui n'est pas sans poser un problème aux responsables d'Auroville qui ne savent pas comment canaliser ces milliers de visiteurs déferlant chaque jour. Mais peut-être la prédiction du sage Agastya s'est-elle réalisée et que Pondichéry est devenue le Vedapuri de l'âge de fer...

L'INTACH

L'Indian National Trust for Art and Cultural Heritage est une organisation nationale indienne qui se consacre à la conservation et à la mise en valeur du patrimoine de l'Inde. Son siège social est à Delhi et elle comprend plus de cent quarante sections réparties dans tout le pays. La section INTACH de Pondichéry a démarré en 1984 et le service

de conservation a été créé en 1998, grâce à une subvention du Département de l'Urbanisme. Depuis, l'INTACH travaille avec le gouvernement de Pondichéry et le public dans le but de préserver le patrimoine architectural et le paysage urbain de la ville. On note également une nouvelle collaboration franco-indienne, « Pondichéry, patrimoine et conservation », une association de loi 1901 déclarée à la Préfecture de Paris, qui a été créée à l'initiative de l'INTACH de Pondichéry et qui a pour objectif de rassembler et de faire participer un maximum d'acteurs autour du développement et de l'avenir de la ville. La cellule de conservation de l'INTACH a été mise en service avec le soutien du gouvernement de Pondichéry comme groupe de conseil. À l'heure actuelle, elle travaille en collaboration avec les offices de Planification de la ville, des Travaux publics, de l'Art et de la Culture, du Tourisme, de la Mairie, de l'EFEO (École française d'Extrême-Orient), de l'Institut français de Pondichéry, ainsi qu'avec les entrepreneurs, les propriétaires, les architectes et les ingénieurs locaux. Cette association a principalement pour but de fournir les conseils en matière d'architecture aux entrepreneurs, aux architectes et aux bailleurs privés pour la transformation, la modernisation, l'extension et la reconstruction d'un espace ou d'un bâtiment. Dans le quartier français, par exemple, ce sont les villas ordonnées avec leur fenêtrage simple, les corniches, les pilastres, les balcons et les portails élaborés, qui vont définir le caractère architectural spécifique. En revanche, dans le quartier tamoul, la particularité se traduira par les rangées de colonnes des vérandas qui se poursuivent tout au long de la rue. Tous les styles d'architecture locale se retrouvent dans les éléments et les langages communs qui se répètent avec des nuances si particulières.

Avec l'aide du gouvernement français, un projet de rénovation de bâtiments a été réalisé avec succès en 1993 dans la rue Isvaran Dharma Raja Kovil. Dans le cadre de l'Asia Urbs Project (2004) initié par la Commission européenne, une autre rue – Calvé Supraya Chetty, aussi connue sous le nom de rue Vysial – fut choisie pour y restaurer une vingtaine de façades. Parmi les derniers projets urbains, il faut mentionner la « revitalisation » du Grand Bazar, la rénovation de Bharati Park, de la Promenade sur la mer (l'avenue Goubert) et du Gandhi Tidal ; tous ces travaux sont destinés à faire de Pondichéry un grand centre touristique. Mais malgré l'action de l'INTACH, durant les dix dernières années, six cents anciens bâtiments ont été démolis, dont les trois quarts sans permission. Malheureusement, l'INTACH n'a aucun pouvoir de contrôle légal et ne peut que conseiller l'office de Planification. Le programme de la Commission européenne Asia Urbs, soutenu par l'INTACH et l'ADEME (Agence française de l'Environnement et de la Maîtrise de l'Énergie) et en partenariat avec les villes

PAGE OPPOSÉE : JEUNES FILLES TAMOULES – SOUVENT DES ORPHELINES – BRODANT AU CENTRE DES SŒURS DE CLUNY À PONDICHÉRY.

CI-DESSOUS : DES ANCIENS SOLDATS PONDICHÉRIENS, CERTAINS ARBORANT FIÈREMENT LEURS MÉDAILLES.

À GAUCHE : JEANNE D'ARC, ENTRE L'ÉGLISE NOTRE-DAME DES ANGES DE PONDICHÉRY ET LE BORD DE MER.
CI-DESSUS : LA CATHÉDRALE DE PONDICHÉRY, RUE DE LA MISSION, QUI FUT ÉRIGÉE, NOUS RACONTE ANANDA RANGA PILLAI, LE COURTIER DE DUPLEIX, SUR UN TEMPLE DE SHIVA RASÉ PAR MME DUPLEIX.

d'Urbino (Italie) et Villeneuve-sur-Lot (Lot-et-Garonne), a toutefois permis à Pondichéry d'améliorer la gestion de l'environnement urbain, notamment grâce à la mise en place du tri sélectif dans un quartier de la ville et au développement d'une station de compostage, autogérée par des femmes issues de milieux défavorisés. Une autre station a été créée pour permettre de recharger les batteries des véhicules de transport non polluants. À cette heure, on peut dire que grâce à l'INTACH, un statu quo a été trouvé et que le gouvernement de Pondichéry a compris qu'il était de son intérêt de préserver l'héritage architectural français de la ville.

L'INSTITUT FRANÇAIS DE PONDICHÉRY

L'Institut français de Pondichéry, ainsi que l'École française d'Extrême-Orient, font un travail de recherche : cela va de la traduction de textes en tamoul ancien, écrits sur des feuilles de palmier datant de plusieurs siècles, jusqu'à la documentation topographique des montagnes du sud de l'Inde.

L'Institut français, qui a été créé après le transfert des territoires à l'Inde, a exercé une influence importante autant à Pondichéry qu'en dehors. L'idée d'institut avait germé bien avant le transfert et quand la cession des territoires est devenue probable, les Français vivant dans cette province n'ont pas voulu clore totalement le chapitre de leurs relations avec Pondichéry. Le premier acte officiel manifestant ce sentiment fut donc le vœu, émis en 1949 par l'Assemblée de l'Union française, demandant la création d'un institut d'études indiennes. Aussi, au moment des négociations du transfert du territoire, l'idée de création d'un institut fut-elle proposée par la France et acceptée avec enthousiasme par l'Inde. L'Institut a été inauguré avec une célérité remarquable, dans les cinq mois du transfert de facto, grâce à l'effort déployé par le Dr Jean Filliozat, sans doute le plus généreux et le plus compétent de tous les directeurs de l'Institut. Par la suite, il s'est développé par voie de tâtonnements, au gré des directeurs successifs. Il se concentre aujourd'hui dans trois domaines : l'indologie, les sciences sociales et l'écologie.

L'Institut français de Pondichéry s'est donné pour mission de servir d'avant-poste pour la coopération scientifique de la France et de l'Union européenne avec l'Asie du Sud et du Sud-Est. Pour jouer ce rôle, il dispose d'infrastructures importantes (laboratoires de recherche, bibliothèques bien équipées...), de ressources documentaires exceptionnelles (manuscrits, photographies...) et de bases de données de référence, particulièrement en écologie. Le laboratoire moderne d'informatique appliquée et de géomantique dont il s'est récemment doté contribue largement à la mise en réseau de l'Institut avec d'autres centres d'excellence de la région. Sa grande ouverture se traduit par l'organisation de séminaires et de colloques nationaux et internationaux et par l'accueil de jeunes chercheurs asiatiques aussi bien qu'européens. Son activité est connue du monde extérieur par le large éventail de ses publications (articles dans des revues scientifiques, ouvrages édités par l'Institut lui-même, cd-Rom, cartes...). C'est probablement l'institution étrangère la plus importante de ce genre en Inde.

À cette notoriété, il faut également ajouter la contribution de Jean Deloche, ancien responsable du Centre d'histoire et d'archéologie à l'École française d'Extrême-Orient de Pondichéry, qui a consacré toute sa carrière à l'histoire de l'Inde et qui est, aujourd'hui, membre associé de l'EFEO et de l'Institut français de Pondichéry.

PAGE OPPOSÉE : LA MAJESTUEUSE ENTRÉE DE L'ECOLE FRANÇAISE D'EXTRÊME-ORIENT DE PONDICHÉRY.

école française d'extrême-orient

Quelques Français illustres en Inde

ALAIN DANIÉLOU

Ce livre se devait de célébrer Alain Daniélou, sans doute le plus grand indianiste français du XXe siècle et dont l'année 2007 marque le centenaire de la naissance. Alain Daniélou, sanskritiste, musicologue, écrivain, historien, peintre, vivait l'Inde de l'intérieur. « L'Inde est ma vraie patrie », disait-il fièrement dans l'une de ses dernières interviews. Très peu d'indianistes ont été aussi loin dans l'étude de la spiritualité indienne : « La seule valeur que je ne remette jamais en question est celle des enseignements que j'ai reçus de l'hindouisme shivaïte qui refuse tout dogmatisme car je n'ai trouvé aucune forme de pensée qui soit allée aussi loin, aussi clairement, avec une telle profondeur et une telle intelligence, dans la compréhension du divin et des structures du monde » a-t-il écrit dans un récent complément à ses mémoires.

Alain Daniélou, fils de Charles Daniélou, homme politique plusieurs fois ministre, ami d'Aristide Briand, et de Madeleine Clamorgan, appartenant à une vieille famille de la noblesse normande, fondatrice des institutions Sainte-Marie, est né à Neuilly-sur-Seine le 4 octobre 1907. Il reçut une excellente éducation musicale, débutant dès l'âge de douze ans l'étude du piano. Plus tard, il étudia le chant avec le chanteur de lieder Charles Panzéra et la composition avec Max d'Ollone. De 1927 à 1932, il fréquenta l'intelligentsia, Jean Cocteau, Max Jacob, Serge de Diaghilev, Igor Stravinsky, Henri Sauguet, Nicolas Nabokov et bien d'autres.

Dès 1932, il fit de nombreux séjours en Inde, se liant d'amitié avec Rabîndranâth Tagore qui le nomma directeur du département

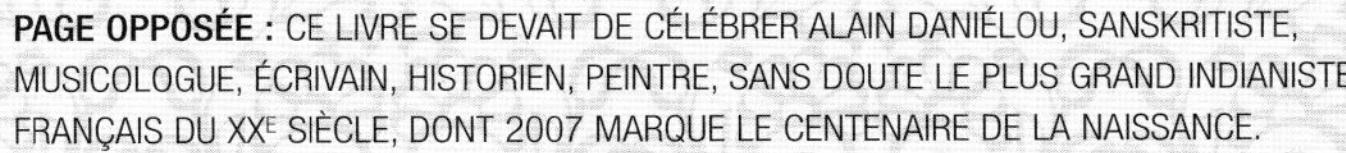

PAGE OPPOSÉE : CE LIVRE SE DEVAIT DE CÉLÉBRER ALAIN DANIÉLOU, SANSKRITISTE, MUSICOLOGUE, ÉCRIVAIN, HISTORIEN, PEINTRE, SANS DOUTE LE PLUS GRAND INDIANISTE FRANÇAIS DU XXE SIÈCLE, DONT 2007 MARQUE LE CENTENAIRE DE LA NAISSANCE.

musical de son école de Shantiniketan. Puis en 1937, il s'installa à Bénarès et se mit à étudier la *vînâ* (un instrument de musique indien) durant six ans avec le guru Shivendranâth Basu, mais aussi l'hindi, qu'il finira par parler comme sa langue maternelle, ainsi que le sanskrit. C'est aussi à Bénarès qu'il fit la connaissance du sannyasin Swami Karpâtî qui lui fit découvrir l'hindouisme shivaïte. Il fit plusieurs voyages à Khajurâho, à Bhûvaneshwar, à Konârak, en compagnie de son compagnon, le photographe suisse Raymond Burnier, pour enrichir sa connaissance de l'architecture et de la sculpture indiennes médiévales, voyages au cours desquels il amassa une importante documentation iconographique. Sympathisant des indépendantistes indiens, il fréquenta la famille Nehru.

En 1956, il intégra l'Institut français de Pondichéry et l'École française d'Extrême-Orient. Il se procura alors l'un des premiers magnétophones Nagra à manivelle, commença une collecte de musiques traditionnelles à travers l'Inde et fit paraître la première anthologie de musique classique indienne, où figurent en particulier Ravi Shankar et Ali Akbar Khan en duo. Dans les années 1960, il rentra en Europe et créa les Instituts de musique comparée de Berlin (1963) et de Venise (1969). Il rédigea par ailleurs des ouvrages de référence comme *Mythes et Dieux de l'Inde, Les Quatre Sens de la vie, Musique de l'Inde du Nord, Visages de l'Inde médiévale, Le Temple hindou*, une histoire de l'Inde et un livre sur le yoga, touchant ainsi à tous les aspects de la vie indienne.

Officier de la Légion d'honneur, Officier de l'Ordre national du Mérite et Commandeur des Arts et des Lettres, Alain Daniélou mourut à Lonay, en Suisse, le 27 janvier 1994. Son œuvre est traduite en douze langues et publiée dans plus de dix-huit pays.

LE « SAINT-VINCENT-DE-PAUL DES INDES »

Ambukarrangal, « la main d'amour », proclame une bannière à l'entrée du grand théâtre de Pondichéry. Dans la cour, des centaines d'enfants au sourire éclatant arborent un t-shirt barré d'un : « Nous aimons le père Ceyrac » et font une haie d'honneur. Mais où est-il donc, le dernier des grands « missionnaires blancs » ? « Là-bas, à l'intérieur ! », indique une jeune femme en sari, le front marqué du troisième œil des hindous. Et en effet, dans la pénombre du théâtre, on aperçoit le père Ceyrac, submergé sous une grappe humaine d'enfants qui veulent tous l'embrasser. « Ils ont besoin d'amour, personne ne leur en a jamais donné », sourit celui que certains ont appelé le Saint-Vincent-de-Paul des Indes.

À près de quatre-vingt-dix ans, après soixante-deux ans de missionnariat en Inde, le père Ceyrac (frère de l'ancien patron du CNPF) est devenu une légende vivante au pays des Tamouls, dont Pondichéry fait partie. Depuis toujours, c'est l'Inde qui l'a attiré : « À quinze ans, je voulais être missionnaire, explique-t-il. Puis un jour, j'ai entendu parler du sanskrit et cela a été une révélation – c'est en Inde que je voulais aller. » Le jeune Ceyrac passa sa licence de lettres à Toulouse, puis fit des études de philosophie et découvrit les similarités entre le sanskrit et nos langues indo-européennes. « Tout d'un coup, je me suis dit : voilà la mère de toutes nos langues. » Le père apprit donc le sanskrit et il fut bientôt capable de lire le texte des *Upanishads*, les écrits sacrés de

PAGE OPPOSÉE : LA FRANCE ET L'INDE SE MARIENT AUJOURD'HUI HARMONIEUSEMENT À PONDICHÉRY.

LA RUE QUI LONGE LES BÂTIMENTS DE L'ASHRAM OÙ SONT ENTERRÉS SRI AUROBINDO ET LA MÈRE. NOTEZ QUE LES BÂTIMENTS D'ORIGINE COLONIALE ONT ÉTÉ TRÈS BIEN ENTRETENUS.

CI-DESSUS ET CI-DESSOUS : A PRÈS DE 90 ANS, APRÈS 62 ANS DE MISSIONNARIAT EN INDE, LE PÈRE CEYRAC (FRÈRE DE L'ANCIEN PATRON DU CNPF) EST DEVENU UNE LÉGENDE VIVANTE AU PAYS DES TAMOULS.
PAGE OPPOSÉE : ICI DEVANT UN CENTRE MÉDICAL QU'IL A FONDÉ. LE PÈRE CEYRAC, MALHEUREUSEMENT AUJOURD'HUI MALADE, SE TROUVE DANS UNE MAISON DE REPOS JÉSUITE À PARIS.

l'hindouisme. Car notre jésuite n'était pas un missionnaire comme les autres : il prépara son sujet à fond avant d'aborder ce vaste continent qu'est l'Inde. « J'ai été ordonné prêtre en 1945 à Darjeeling (État du Bengale) et pendant quinze ans, j'ai également appris le tamoul. » Et le père Ceyrac de réciter en tamoul un poème de la *Sangha*, la grande tradition épique dravidienne, qui date d'avant Jésus-Christ. « Les yeux des villageois brillent quand ils m'entendent déclamer ces vers. »

Le père Ceyrac est sans doute le missionnaire français contemporain qui a le mieux réalisé l'improbable syncrétisme de la foi chrétienne et de l'hindouisme, l'éternelle religion de huit cents millions d'Indiens. « Ici, les gens ont le sens de Dieu, ils sont toujours à la recherche du *darshan* de la vision de l'Au-delà. » Pourtant, les Hindous ne sont-ils pas des idolâtres qu'il faut convertir ? « Pas du tout ! Il y a longtemps que j'ai abandonné l'idée de convertir. La parole du Christ, c'est dans l'action, dans l'allègement des souffrances des plus pauvres, des *Harijans* (les "Intouchables"). » Le jésuite condamne ainsi le programme d'Évangélisation 2000 cher aux Protestants. « Je n'aime pas le prosélytisme militant des missionnaires américains – les Pentecôtistes, les Adventistes et autres mouvements qui essaient de convertir en utilisant l'appât économique ; ce que nous voulons donner, c'est la grâce d'aimer. »

Les enfants présents dans la cour du théâtre se sont maintenant assis par terre et ont étalé devant eux une simple feuille de bananier sur laquelle les jeunes femmes en sari viennent déposer deux louches de riz et quelques légumes. Les gosses mangent en silence, presque religieusement, comme si c'était le dernier repas de leur vie. « Deux roupies par enfant et par jour, c'est-à-dire quarante centimes, c'est tout ce que cela me coûte pour nourrir ces enfants. Dites-le en France ! », insiste le père Ceyrac. Et il est vrai que le père a besoin de nos contributions. Car Ambukarrangal est un vaste mouvement : 25 000 étudiants et 1 000 professeurs, la plupart des femmes hindoues appartenant aux basses castes à qui l'on rend ainsi leur dignité. « Elles sont merveilleuses, c'est elles qui font tout ! ». En plus, l'œuvre de père Ceyrac et de ses prêtres n'est pas seulement caritative : « Nous leur enseignons la libération sociale, à se prendre en charge eux-mêmes, à s'organiser et à formuler leurs revendications auprès des patrons et du gouvernement indien, plutôt qu'à toujours tendre la main. » Spectacle incongru parmi cette marée de visages noirs, Charlotte, une jeune française plutôt BCBG, qui est cadre dans une grande société informatique à Paris. « Depuis quelques années, je parrainais un enfant indien démuni, à raison de 100 euros par mois ; puis j'ai voulu le voir et je suis donc venue en Inde. » Charlotte a découvert beaucoup de choses ici : la joie des enfants, la beauté des femmes et l'espoir. « Ils

ne se plaignent jamais ici, même dans l'extrême misère. » Et puis bien sûr, il y a le père Ceyrac : « Je n'ai jamais vu un homme aimer autant ! », conclut Charlotte, en berçant une petite fille dans ses bras.

Aujourd'hui malheureusement malade, le père se trouve dans une maison de repos jésuite à Paris.

MUKUNDEN, OU LA VRAIE FRANCOPHONIE EN INDE

Maniyambath Mukunden : voilà un nom qui sonne bien indien – malayalam, pour être plus précis –, la langue ancestrale du Kerala, cet État paradisiaque à l'extrémité sud de l'Inde. Maniyambath Mukunden, écrivain de son état, est d'ailleurs un nom très connu au Kerala : ses romans s'y vendent par dizaines de milliers d'exemplaires et parfois même les gens qui le reconnaissent dans la rue lui touchent les pieds en signe de vénération. De plus, M. Mukunden est un bastion de la France en Inde, le symbole vivant d'une francophonie qui s'accroche, en dépit d'une tendance anglophile et anglophone dans ce pays de plus d'un milliard d'âmes.

Maniyambath Mukunden est né en 1943 à Mahé. « Mahé, c'était une petite ville belle comme un rêve, au bord d'une rivière où les Français se promenaient le soir », se rappelle-t-il aujourd'hui. À vingt ans, il débarqua à Delhi, enseigna à mi-temps à l'Alliance française, puis fut embauché en 1967 par le service culturel de l'ambassade. Entre temps, il a écrit vingt-cinq livres, dont le dernier, *Sur les rives de la rivière Mahé*, traduit en français, fait revivre le Mahé de cette époque coloniale, lorsque les Français élégants se promenaient dans leurs calèches et organisaient les célébrations alors fastueuses pour le 14 Juillet, sans oublier ses intrigues et ses drames… « J'en ai fait une

allégorie, explique-t-il dans son bureau lumineux du Centre culturel de la rue Aurangzeb de Delhi. Les gens sont des papillons qui butinent ici et là, puis ils meurent et renaissent, papillons encore, sous d'autres noms, pour jouer d'autres rôles… C'est le cycle de la vie et de la mort qui se poursuit. »

Ces romans n'ont pas empêché M. Mukunden de s'occuper activement de la francophonie en Inde, et ce jusqu'à sa retraite en 2005 : festivals de films, soirées culturelles, expositions, rencontres, pièces de théâtre… Actuellement, l'ambassade de France de Delhi et son service culturel mettent des moyens conséquents pour développer la francophonie – mais ce ne fut pas toujours le cas, car à l'instar de Louis XV qui se désintéressa des comptoirs français, la France, pendant longtemps, ne se préoccupa pas de l'Inde, tout obnubilée qu'elle était par la Chine. « Saviez-vous qu'en 1998, il n'y avait que 150 Indiens qui étudiaient en France, alors qu'on y recensait 3 500 Chinois ? » rappelle Mukunden. Il aurait pu rajouter que 35 000 étudiants indiens paient des sommes mirobolantes pour se former dans les grandes universités américaines, telles Harvard ou Princeton, et qu'il y a là un manque à gagner énorme pour leurs

FRANCIS WACZIARG, L'INCONTOURNABLE FRANÇAIS DES INDES, A FONDÉ UNE CHAÎNE D'HÔTELS DE CHARME.

homologues françaises. Quand on sait que 1 % de la population indienne est devenue fabuleusement riche et peut se permettre d'envoyer ses enfants à l'étranger, cela représente près de 10 millions d'étudiants !

Mais tout cela commence à changer : de nombreux projets ont vu le jour ces dernières années sous l'impulsion de l'ambassade française de Delhi, dont des bourses pour les étudiants indiens, des projets de recherche scientifique, ainsi que le fameux forum d'initiatives franco-indien (qui malheureusement n'a pas fait grand chose en dix ans). Dernière initiative de l'ambassade : une manifestation en 2007 à Delhi où chaque grande université française avait son stand ; ceci laisse présager un meilleur avenir de la francophonie en Inde.

FRANCIS WACZIARG, OU L'ITINÉRAIRE D'UN FRANÇAIS EN INDE

New Delhi, cinq heures du matin : Francis Wacziarg fait ses exercices de yoga en haut de sa magnifique résidence du quartier chic de Sundar Nagar. Huit heures : dans son bureau qui donne sur la tombe de Nizammundin, Francis examine des poteries à l'ancienne, répond simultanément au téléphone et donne des ordres à ses nombreux collaborateurs. Midi : Francis et son partenaire Aman Nath revoient la décoration de leur boutique – très haut de gamme – proche du Qtub Minar, célèbre monument à Delhi. Seize heures : Francis discute chiffons avec la charmante Pondichérienne qui s'occupe de son atelier de couture. Dix-huit heures : Wacziag saute dans sa voiture, qu'il conduit lui-même, et une heure et demie plus tard, après avoir passé la frontière du Rajasthan, il franchit le gigantesque portail de l'hôtel Neemrana, un fabuleux palace de maharaja qu'il a acheté voici quelques années pour en faire le fleuron d'une chaîne d'hôtels de charme : petites cours intérieures décorées de *kolam* (motifs tantriques), chambres personnalisées – avec pour chacune une ambiance différente – et meublées d'antiquités dénichées aux quatre coins de l'Inde, tours crénelées d'où l'on peut contempler l'austère paysage du Rajasthan au soleil couchant… Une journée comme les autres pour cet homme d'affaires français.

Car Francis Wacziarg est l'incontournable Français de l'Inde. Il a des intérêts dans tous les domaines : « Francis Wacziarg Conseil » guide les investisseurs français désirant d'implanter en Inde ; il est acheteur pour quelques-uns de nos grands magasins : Printemps, Carrefour, Galeries Lafayette ; « Francis Wacziarg Ltd » fabrique du prêt-à-porter, de la maroquinerie et des accessoires ; enfin, Francis représente en Inde quelques grandes marques, comme Lacoste, Accor, et même des institutions financières comme la banque CIC. Il

AU RAJASTHAN, C'EST UN ANCIEN PALAIS DE MAHARAJA QUI A FAIT L'OBJET DE SES SOINS ET EST DEVENU LE NEEMRANA, FLEURON DE SON EMPIRE HÔTELIER.
PAGE OPPOSÉE : A PONDICHÉRY, IL A RESTAURÉ UNE ANCIENNE MAISON FRANÇAISE, L'A REMEUBLÉE À L'ANCIENNE ET EN A FAIT LE MAGNIFIQUE « HÔTEL DE L'ORIENT ».

faut dire que Wacziag a toujours eu la bougeotte : il est né le 24 février 1942 à bord d'un navire argentin dans les eaux territoriales cubaines ! Après des études à l'Ecole supérieure de commerce, il débarqua en Inde en mai 1969 ; ce fut tout de suite l'émerveillement. Pendant quatre mois, il parcourut le sud du pays, s'arrêtant à Pondichéry où il découvrit les « Indes françaises » et, parallèlement, se mit à lire les grands ouvrages contemporains de la sagesse indienne : *La Synthèse des yogas* de Sri Aurobindo, *L'Education* de Krishnamurti et *L'Aventure de la conscience* de l'écrivain français Satprem. Puis Francis remonta sur Bombay, où il travailla pour le poste d'expansion économique du consulat français. Mais c'est la capitale de l'Inde qui l'attirait : il devint donc attaché commercial à l'ambassade de France, puis directeur du bureau de la B.N.P. Mais en 1978, jugeant qu'il connaissait suffisamment son métier, il décida de s'installer à son compte et fonda la compagnie Francis Wacziarg. Cette entreprise, qui vaut aujourd'hui un milliard de roupies, a un volume d'exportations d'une valeur de 30 millions de dollars et emploie une centaine de personnes.

Francis Wacziarg fait partie de ces rares Français qui croient en l'Inde, au point d'avoir pris la nationalité indienne en 1990 : « Ce fut un pas décisif, une démonstration que je faisais à l'Inde de ma fidélité », dit-il en souriant.

Présence économique de la France en Inde

La France n'est que le 7ᵉ investisseur étranger en Inde aujourd'hui, derrière l'Allemagne et la Corée du Sud. « Les relations économiques entre l'Inde et la France auraient pu décoller dès l'indépendance, en 1947. Politiquement, il existait une bonne volonté des deux côtés. Les deux premiers ambassadeurs à Delhi étaient d'envergure : Daniel Lévi, fils du célèbre indologue Sylvain Lévi, avait pratiquement accès libre à Nehru ; son successeur, le comte Ostorog, était également tenu en haute estime par le gouvernement indien », écrit Jay Battacharya, un économiste indien francophile.

De plus, la France avait déjà en Inde une présence économique substantielle : l'ancêtre de la B.N.P. avait ouvert sa première filiale à Calcutta dès la fin du XIXᵉ siècle, sans doute la seule banque française en Asie en dehors des colonies françaises d'Indochine. Et dans les années 1920 et 1930, Citroën et Michelin étaient des sociétés bien implantées, sans parler de l'Institut Pasteur, dont le nom était familier en Inde.

Cependant, à partir des années 1950, la France a disparu pratiquement des radars économiques de l'Inde. Même au plus fort de l'économie planifiée – version indienne du socialisme d'État (le *licence raj* ou le *permit raj*) –, des sociétés américaines, suisses, britanniques, hollandaises et allemandes procédèrent à des investissements massifs en Inde. La stratégie suivie pour établir une présence dans le pays reposait sur le transfert de technologie à des filiales locales, car l'investissement direct de capital n'était pas encouragé par le gouvernement indien, voire interdit dans certains secteurs.

PAGE OPPOSÉE : KALYA, L'ARRIÈRE PETIT-FILS DE LA MÈRE, EST LE FONDATEUR D'AURELEC, LA PREMIÈRE COMPAGNIE INDIENNE QUI FABRIQUA DES ORDINATEURS À LA FIN DES ANNÉES 70.

Cette ligne de conduite, bien que restrictive, fonctionna très bien pour tous les pays, excepté la France. Au cours des cinquante années qui suivirent l'indépendance, les entreprises françaises ont été incapables de mettre le pied en Inde, et cela en dépit du fait qu'une grande quantité de la technologie française était importée par des entreprises d'État indiennes tout au long de cette période. Quelques exemples : dans les années 1950, Indian Railways noua une collaboration avec la France pour la mise au point de locomotives électriques et Diesel, tandis que l'Indian Air Force nous achetait des avions de combat, à deux reprises. Et même après que le gouvernement indien eut libéralisé l'économie en 1991 et aboli les contrôles les plus frustrants sur les placements financiers et les échanges commerciaux, la présence de la France en Inde s'accrut à peine. En fait, l'investissement français majeur dans les années 1990 fut la joint-venture que Peugeot avait établie avec le groupe Premier Automobile (contrôlé par la famille Doshi) et qui fut un désastre complet ; des dizaines de milliers d'investisseurs pâtirent de cet échec, car la société Peugeot avait été introduite en bourse avec succès. Ce résultat a découragé sérieusement les perspectives d'échanges entre les deux pays.

Ce n'est qu'à partir de l'année 2000 que nous avons pu observer des investissements un peu plus heureux en Inde. Le plus significatif fut la prise de contrôle de Tata Steel par les ciments Lafarge, une opération évaluée à 260 millions de dollars. L'usine de verre de Saint-Gobain, avec un investissement de 150 millions de dollars, est un autre exemple d'engagement réussi. Michelin a également procédé à un investissement stratégique dans une entreprise de pneumatiques avec des résultats très satisfaisants. Et il y a eu plus récemment la joint-venture conclue en décembre 2004 entre Renault et Mahindra pour la production de la voiture économique Logan.

Aujourd'hui, plus de 400 entreprises françaises sont implantées en Inde et emploient quelque 100 000 personnes. Nos exportations vers l'Inde représentent 0,66 % de biens d'équipement (dont l'aéronautique avec 36 %), 25 % de produits semi-finis et 6 % de biens de consommation non agro-alimentaire (soit 1,9 % de part de marché). Nos importations, quant à elles, se montaient en 2006 à 2,5 milliards d'euros, dont 48 % dans le textile et l'habillement. Pour comparaison, les flux d'investissements indiens à l'étranger pour 2006 représentaient 16 milliards d'euros…

En dépit du caractère spectaculaire de ces récents développements, la présence de la France sur les rivages indiens reste fort modeste et le drapeau tricolore ne flotte qu'ici ou là. Selon les statistiques indiennes, sur les 3 milliards de dollars d'investissements directs en Inde en 2006, la France n'intervient que pour 35 millions. La valeur totale de l'investissement français en Inde fin 2006 s'élevait à 526 millions d'euros, soit 1 % des investissements directs français à l'étranger, ce qui place l'Inde au 44e rang des pays destinataires. Il y a donc des possibilités considérables pour un accroissement des échanges économiques entre les deux pays.

Même si la société Alstom continue d'être un acteur important dans l'énergie, si Alcatel a fourni près de 50 % des échanges téléphoniques du pays et que des sociétés pharmaceutiques ou cosmétiques, comme Bio-Mérieux et l'Oréal, s'y sont également établies, l'Inde reste le 39e client de la

LANCEMENT DE LA LOGAN, QUI SERA FABRIQUÉE EN INDE PAR MAHINDRA & MAHINDRA EN COLLABORATION AVEC RENAULT.

France et absorbe moins de 0,5 % des exportations françaises. Il y a donc un fossé à combler dans la perception que chacun a de l'autre. En France, la présence chinoise surabondante occulte le potentiel indien, tandis qu'en Inde, on a tendance à regarder la France à travers le miroir anglo-saxon, dans lequel ses atouts technologiques sont atténués au profit des clichés du fromage, des parfums et de la mode. Une récente étude sur les échanges indo-américains fait ressortir des caractéristiques qui pourraient être celles des relations franco-indiennes, étant donné la similarité de leurs structures sectorielles économiques respectives : le point fort de la Chine est l'industrie, or celle-ci représente 14 % de la production américaine et 11 % des emplois. La force de l'Inde se trouve dans le secteur des services, qui représente 60 % de son PNB et 66 % de ses emplois. L'Inde a donc potentiellement cinq fois plus d'impact sur les États-Unis que la Chine. Voici une réalité sur laquelle les économistes français devraient méditer.

Town & Country
SURF DESIGNS HAWAII

Conclusion

Aujourd'hui donc, on pourrait vous dire : Pondichéry, c'est une petite enclave de la France tout au bout du monde, avec ses belles maisons coloniales, ses policiers à képi français des années 1950, ses noms de rues à consonance française – rue Dumas, rue Suffren, impasse du Corps de Garde –, son lycée français, ses retraités qui jouent aux boules dans la cour de l'église… On pourrait vous dire : Pondichéry, c'est un petit morceau de paradis sur terre, avec ses plages de sable désertes, sa « ville blanche » endormie comme il y a deux cents ans, ses terrains de tennis en terre battue devant la statue de Jeanne d'Arc, son cours Chabrol où l'on déambule le soir alors que l'océan Indien se brise inlassablement sur la plage…

On pourrait vous dire beaucoup de choses – et l'on n'aurait pas tout à fait tord, parce que Pondichéry est encore un peu tout cela… Et pourtant, on ne vous dirait pas tout ! Car la vérité, c'est qu'à Pondichéry, la France disparaît chaque jour un peu plus face à cette catastrophe sociale, humaine et écologique qu'est la surpopulation de l'Inde. « Une à une, toutes nos belles maisons françaises sont rasées pour faire place à de laids cubes de ciment que les Indiens osent appeler des appartements », fulmine un Français en poste là-bas. Et dans la ville, on entend de moins en moins la langue de Molière. « Il y a trente ans, les rickshaws (conducteurs de tricycles) parlaient le français ; aujourd'hui, c'est tout juste s'ils savent dire “B'jour M'sieur” », s'exclame encore notre expatrié.

Il y a environ 70 000 Pondichériens à passeport français qui sont les descendants des habitants de Pondichéry ayant choisi de rester français lors de la cession des territoires en 1956. Or le consulat français de Pondichéry ne recense aujourd'hui que 7 000 immatriculés résidant dans cet ancien comptoir – la plupart des retraités –, soit seulement 10 % de cette population, alors qu'il y en avait 15 000 en 1974. « Dans le temps, après leur bac, les jeunes

PAGE OPPOSÉE : PONDICHÉRY, C'EST AUSSI DES PLAGES MAGNIFIQUES OÙ ON PEUT PRATIQUER LE SURF OU BRONZER TRANQUILLEMENT AU SOLEIL, LOIN DES BRUITS DE LA VILLE.

s'engageaient volontaires dans l'armée française, puis prenaient leur retraite à quarante ans, une fois sergent-chef. Ils revenaient alors à Pondichéry et y vivaient confortablement grâce à leurs pensions. Mais aujourd'hui, ils restent en France », reconnaît un vieux Pondichérien. La France demeure donc toujours pour les Tamouls à passeport français cet Eldorado économique, ce statut social dont on rêve, même si l'on finit la plupart du temps dans une lointaine banlieue parisienne.

On peut donc se demander où se situe l'avenir de la francophonie à Pondichéry et plus largement de la France en Inde. « C'est un paradoxe – et ce n'en est sans doute pas un - avance un expatrié, mais l'avenir de la France se trouve chez les Pondichériens qui regardent vers l'Inde tout en restant francophiles. » On pense tout de suite, bien sûr, au Dr Nallam, originaire de Yanaon, qui étudia au lycée français de Pondichéry et qui est aujourd'hui

A GAUCHE : LES TRADITIONS SE PRÉSERVENT : REVUE DE LA GARDE DEVANT LE PALAIS DU GOUVERNEUR UN 14 JUILLET.
CI-DESSUS : LES POLICIERS PONDICHÉRIENS D'AUJOURD'HUI ONT TOUJOURS LE MÊME KÉPI.

LA MOTO EST UN INDISPENSABLE MOYEN DE TRANSPORT À PONDICHÉRY. EN FAIT, VOUS POUVEZ MÊME LOUER UNE MOTO ET DÉCOUVRIR L'INDE DU HAUT DE CES ENGINS « MADE IN INDIA », TELLE L'INCREVABLE BULLET ENFIELD.
À DROITE : LE COURS ÉLÉMENTAIRE DU LYCÉE FRANÇAIS, DERNIER BASTION, AVEC L'ASHRAM, DE LA FRANCOPHONIE À PONDICHÉRY.

un célèbre chirurgien, propriétaire d'une clinique à Pondichéry, et membre du comité de l'Alliance française. « En lui, la France a trouvé un allié précieux : francophile, francophone, mais Indien dans son âme. »

Mais actuellement, la plupart des élèves du lycée français de Pondichéry partent en France dès le baccalauréat obtenu et ne reviennent ici que pour se marier (ces Tamouls à passeport français sont des beaux partis qui obtiennent des dots considérables) ; et l'on demande aussitôt un passeport français pour la conjointe qui, bien souvent, ne parle pas un mot de français. « Il faut faire preuve d'assimilation et parler le français ; alors, le consulat de Pondichéry passe son temps à démêler le vrai du faux et à faire le gendarme », reconnaît un employé consulaire.

LYCEE FRANÇAIS
ÉCOLE ELEMENTAIRE

Alors, quel avenir pour la France en Inde ? Cela va dépendre en grande partie de l'attitude de la France envers l'Inde dans les deux prochaines décennies. Il faut que les Français apprennent à porter un autre regard sur ce pays. Un regard économique, bien sûr : nous sommes à la traîne, on l'a vu, concernant les investissements étrangers en Inde, pays qui connaît actuellement une évolution extraordinaire ; un regard politique : nos politiciens ne réalisent pas encore l'immense importance géopolitique de l'Inde, sous-continent de démocratie dans une Asie en proie aux fondamentalismes religieux et à la tentation d'hégémonie chinoise ; un regard humain, enfin : car même si la rencontre avec l'Inde est souvent un choc culturel pour un Français, nous pouvons percevoir, au-delà des différences, les liens puissants qui nous unissent, comme le goût du travail bien fait, la passion pour les arts et la beauté en général, qui pousse les Indiens à créer, à embellir, à tout décorer minutieusement – et cette profusion de métiers manuels et de savoir-faire n'est pas sans rappeler la richesse de notre patrimoine culturel et artisanal –, ou encore, tout simplement, ce talent inouï pour la gastronomie...

Si nous faisons cet effort, tout nous sera possible en Inde, car les Indiens ont une bien plus grande connivence avec nous qu'ils ne l'ont avec les Japonais ou même les Américains. Alors la France trouvera une noble place dans cette partie du monde, trop longtemps convoitée et déchirée, et saura rétablir avec brio le lien entre son passé et son avenir.

UN MARIAGE CIVIL À L'HÔTEL DE VILLE DE PONDICHÉRY. SI CELA VOUS DIT, VOUS POUVEZ TRANSCRIRE PLUS TARD LE MARIAGE AUPRÈS DU CONSULAT FRANÇAIS.

PAGE OPPOSÉE : IL Y A PLUS DE 20% DE CATHOLIQUES DANS LES ANCIENS COMPTOIRS FRANÇAIS.

SI TOUS LES ÊTRES HUMAINS DU MONDE POUVAIENT S'ENTENDRE COMME CES ENFANTS-LÀ…

MEMENTO MORI
TOMBEAU DE FAMILLE
ICI REPOSE
UNE AIMABLE PERSONNE NOMMÉE
NALLAMMAL, ÉPOUSE CHÉRIE D'AYAVOU
FILS DE MANIAPOULLÉ NÉGOCIANT,
DÉCÉDÉE LE 1.ER OCTOBRE 1832
A L'AGE DE 32 ANS.

Bibliographie

Annoussamy David. *L'intermède français en Inde*. L'Harmattan. 2005

Asia Urbs, *Achieving economic & environmental goals through Heritage Preservation Initiatives, Pondicherry's Experience*, Pondicherry, 2004.

Auroville Press, *Il y a 50 ans... Pondichéry, L'intégration des Établissements français en Inde. Perspectives Historiques et Culturelles*, Auroville, 2004.

Aventure des Français en Inde. XVIIe – XXe siècle. Asie Imaginaire. Editions Kailash. 1998

Berthet Samuel. *Inde France (1760-1962) Les enjeux Culturels*. Institut français de Pondichéry. 2006

David Georgette. *Pondichéry, des comptoirs français à l'Inde d'Aujourd'hui*. Editions Kailash. 2004

Deloche J., *Le papier terrier de la ville blanche de Pondichéry 1777*, Pondichéry, 2002.

Deloche J., *Origins of the Urban Development of Pondicherry according to Seventeenth Century Dutch Plans*, Pondichéry, 2004.

Deloche J., *Le vieux Pondichéry 1673-1824 revisité d'après les plans anciens*, Pondichéry, 2005.

Dulau Robert. *La ville, la Maison, l'Esprit des Lieux*. Institut Français de Pondichéry. 1993

Gressieux D., *Les Comptoirs de l'Inde Pondichéry, Karikal, Mahé, Yanaon et Chandernagor*, Paris, 2004.

H. Druon, *Les Français dans l'Inde au XVIIe et au XVIIIe siècle*, Paris, Société d'Édition et de Publication - Librairie Félix Juven - 122, rue Réaumur. sd.

INTACH, *Reminiscences The French in India*, Indian National Trust for Art and Cultural Heritage, New Delhi, 1977.

INTACH, *Architectural Heritage of Pondicherry, Tamil and French Precincts*, European Commission under the Asia Urbs Programme - Pondicherry, 2004.

Jouveau-Dubreuil G., Revue historique de l'Inde française, vol. VIII, 1952, pp. 143-237 :. - *« Une découverte toute d'actualité: Pondichéry faubourg d'Olugarai »*, pp. 146-150.

Jouveau-Dubreuil G., Dupleix, Pondichéry, 1941.

Loti Pierre. *L'Inde (sans les Anglais)*. Bibliotheca Asiatica. Editions Kailash. 1998

La Revue de l'Inde. N°2. Jay Battacharya. Les Belles Lettres Paris. Février 2006

Maindron. M., *Dans l'Inde du sud*, Le Cormodandel. Bibliotheca Asiatica. Editions Kailash. 1992

Piesse G., *Pondichéry de 1954 à 1963: De la République française à la République indienne, histoire d'une transition*, Nantes, Université de Nantes, 1999.

Van Vrekhem Georges. *Sri Aurobindo*. Rupa. New Delhi 2003

VAN VREKHEM Georges. *LA MÈRE*. PARIS, LES BELLES LETTRES, 2007

Weber J. (edit.), *Les relations entre la France et l'Inde de 1673 à nos jours*, Paris, 2002.

Wheeler R.E.M., *«Arikamedu : an Indo-Roman Trading Centre on the East Coast of India»*, Ancient India, No. 2, 1946, pp. 17-124.

PAGE OPPOSÈE : SI VOUS ALLEZ À PONDICHÉRY,ALLEZ VOIR LE CIMETIÈRE D'UPPALAM : C'EST TOUTE L'HISTOIRE DE NOS COMPTOIRS QUI Y EST INSCRITE.

PAGES SUIVANTES : DERRIÈRE CETTE GRILLE SE CACHE UNE BELLE MAISON PONDICHÉRIENNE RESTAURÉE PAR LES SOINS D'INTACH.

MIÈRE"

33
PATTEGAR
33

LES SOEURS DE ST-JOSEPH DE CLUNY VIENNENT DE FÊTER LE BICENTENAIRE DE LEUR FONDATION. C'EST L'OCCASION DE DÉCOUVRIR CETTE INSTITUTION DE PONDICHÉRY.

Notes

La France en Inde, hier

1 Pondichéry s'épelle de plusieurs manières, suivant les époques et les langages : Pondichéry, Pondichery, Pondicherry, Pondichérry, Puduchery… Nous avons choisi de l'épeler Pondichéry et d'appeler ses habitants les Pondichériens.

Les quatre autres comptoirs

2 Les Marathes, de fiers guerriers qui luttèrent contre les invasions musulmanes, sont les habitants originaires de l'Etat central du Maharashtra, dont la capitale est aujourd'hui Mumbai (Bombay).

Comment vivaient les Français en Inde ?

3 Les noms de ville « blanche » et ville « noire » sont heureusement en train de disparaître du vocabulaire de Pondichéry.

Les grands voyageurs français

4 Shah Jahan a fait construire le Taj Mahal à Agra pour son épouse favorite.

5 Les seigneurs de la Cour.

La France en Inde, aujourd'hui

6 Le brahmane silencieux a la capacité yogique d'arrêter ses pensées à volonté.

7 Voir Georges Van Vrekhem, « Mira Alfassa ou « La Mère » », dans *La Revue de l'Inde* n°3, avril-juin 2006.

Crédits

IRENO GUERCI: pages 1, 2, 12-13, 26, 54-55, 56-57, 58-59, 60-61, 62, 62-63, 82, 82-83, 84-85, 86, 86-87, 88-89, 92-93, 93, 94 (en haut et en bas), 94-95, 96-97, 99, 100, 101, 104-05, 106 (à gauche et à droite), 108, 109, 110, 111, 124, 132-33, 133, 134, 134-35, 136 (en haut, au centre et en bas), 137, 140, 142-43, 144

INSTITUT FRANÇAIS DE PONDICHÉRY/ECOLE FRANÇAISE D'EXTRÊME-ORIENT : pages 6-7, 8-9, 10-11, 14-15, 17, 36-37, 40, 40-41 (en bas), 48 (en bas), 49 (en haut et en bas), 52 (en haut et en bas), 57, 59 (à gauche et à droite), 60, 77 (en bas), 78, 80 (en haut et en bas), 81, 98-99, 113, 118-119

ECOLE FRANÇAISE D'EXTRÊME-ORIENT : pages 30, 31 (en haut et en bas à gauche, à droite), 50, 53 (en haut et en bas)

CORBIS: pages 3, 4, 16, 18-19, 20-21, 22, 28, 29, 34, 42-43, 43, 44 (en bas), 48 (en haut), 64, 67, 73, 114, 122-23, 125

BRITISH LIBRARY: pages 23, 24-25, 32-33, 38-39, 40-41 (en haut), 46-47, 47, 68

FRANCOIS GAUTIER: pages 74, 90-91, 91, 96, 117, 126, 130, 138-39

GETTY: pages 71, 129

NICOLAS CHORIER: pages 102-103

PAVILLON DE FRANCE : page 120 (en haut et en bas)

SRI AUROBINDO ASHRAM TRUST : page 77 (en haut)

INTACH: page 107